CONTENTS

ブックデザイン
塚本雄一郎（THRUSH）
栗原優子（Poseidon Arc）

はじめに

川上徹也

　本書は「ガンダムシリーズ」に登場する演説や会話から、人心掌握術を学ぶ本である。

　正直に言おう。私は本書に関わるまでは、ガンダムに対する知識はほぼゼロだった。では、なぜ、そんな私が本書の解説やコラムを書くことになったのか？　それは、私が、本職のコピーライター以外に「演説分析家」としての顔を持っているからだ。

『独裁者の最強スピーチ術』（星海社新書）という本の中では、史上最凶の独裁者と呼ばれるアドルフ・ヒトラーの演説がなぜ当時のドイツ国民の心を大きく動かし、小さな政治組織だったナチスがなぜ合法的に政権を獲得できたかについて分析した。

　ガンダムは、未来の宇宙戦争を描きながら、第二次世界大戦などの史実を連想するようにも描かれているという。ヒトラーを連想させる独裁者（ギレン・ザビ）も登場して、演説の名手らしい。それ以外にも、シリーズでは印象的な演説が数多く登場する。

　そこで、ガンダムに登場する演説が、「ストーリーの中で

どのように聴衆の心をつかんだかを専門家の視点で分析し、歴史上で実際にあった演説と対比させながら、実社会の人心掌握にどう応用できるかについて解説してほしい」という依頼が来たのだ。

　そう聞くと、ガンダムに登場する演説がどんなものだったのかに興味が出てきた。サンプルで送られてきた演説を読むと、確かによくできている。単純な「善」と「悪」という図式になっていないのも気にいった。多くのファンがこれらの演説に魅せられる理由がわかった。だとしたら、それらの演説の中身を分析し、ビジネスシーンなどに応用できるテクニックを見つけ出すことは意義がある。また、ガンダムの演説で広く使われている「戦争プロパガンダ」のテクニックを知ることで、現実世界で簡単に感情に流されないリテラシーを身につけることにもつながる。そう考えて受けさせていただくことにした。

　個々の演説や会話解説はそれぞれのページに記載するとして、「はじめに」では人の心を大きく動かした演説に

必ずと言っていいほど使われている原則を紹介しておこう。もちろんヒトラーも使った。ガンダムの登場人物たちもよく使っている。それが「ストーリーの黄金律」という人類共通の感動のツボだ。

　カリスマと呼ばれるような政治的リーダーは、必ずと言っていいほど、この黄金律を演説に取り入れて民衆の心をつかんでいる。ヒトラーだけではない。ウィンストン・チャーチル、フランクリン・ルーズベルト、Ｊ・Ｆ・ケネディ、ジョージ・ブッシュ、バラク・オバマなど、本書の解説やコラムで登場している人物はすべて、この黄金律を使って大衆の心を大きく動かした。黄金律こそが、人の感情を揺さぶる一番有効な方法だと知っているからだ。

　チャーチルは、イギリスがドイツに敗北寸前になったとき、ナチスと戦い続けることで「千年後の時代の人たちに『あれこそが、彼らにとって最良の時間だった 』と語り継がれるようにしよう」と国民を鼓舞した。

　ケネディは「ニューフロンティア」という新しいビジョンを

語ることで40代の若さで大統領になった。ブッシュは最低支持率の大統領から、黄金律を使った演説で90％の支持率を得た。オバマは黄金律を使った演説で無名の地方議員から大統領まで登り詰めた。 そして、あの独裁者ヒトラーこそが、人類の歴史上、最大の「ストーリーの黄金律」の使い手だ、と言っても過言でない。

「ストーリーの黄金律」には、「薬」の部分と「毒」の部分がある。人の心をグッとつかみ動かす特効薬でもあると同時に、猛毒になる危険性もある両刃の剣だ。よきリーダーが使えば、応援をうけながらいい政策が実行できる。悪しきリーダーが使えば、取り返しのつかない道に突き進んでしまうかもしれない。天使の使い方もできるし、悪魔の使い方もできる。白魔術にもなるし、黒魔術にもなる。使い方は同じ。でも使う人によって結果は大きく違ってくる。

　薬の部分は、色々な場面に応用できる。
　黄金律は政治の世界だけに有効なテクニックではない。

ビジネスにおいても大きな武器になる。「人の心をうまく
つかみ動かすこと＝人心掌握術」に応用することができる。

　会社や社会でリーダーシップを発揮したり、みんなから
応援してもらうようになるためには、とても有効なテクニ
ックだ。読者の皆さんには黄金律の「薬」の部分をぜひ
ご自分のビジネスに応用してもらいたい。

　もちろん毒の部分だって使おうと思えば使える。しかし
絶対に悪用しないでいただきたい。

　逆に、誰かが、その「毒」の部分を使おうとしているとき
に気づいてほしい。黄金律の内容を知っていれば、簡単
には騙されたり煽られたりしないはずだ。

　本書で紹介するガンダムにおける演説や会話のテクニ
ックを、各自咀嚼して、あなたの人生における「よき武器」と
して使ってもらえれば、うれしい。

ストーリーの黄金律

【ストーリーの黄金律】

① 何かが欠落した、
　　もしくは欠落させられた主人公が、

▼

② なんとしてもやりとげようとする、
　　遠く険しい目標・ゴールをめざして、

▼

③ 数多くの障害・葛藤・敵対するものに
　　立ち向かっていく。

　この3つの要素が演説やスピーチに含まれていると、人はその主人公に感情移入して大きく心が動かされ応援したくなってしまう。人種、性別、文化などは関係ない。

　まず1番目のポイント。主人公は何かが欠落しているということが重要な条件になってくる。すべてが欠落している必要はないが、完全に満たされた状態ではないことが大切だ。

　円の一部が欠けている状態をイメージしてほしい。満ち足りない部分を満たすために主人公は目標を達成しようという願望が生まれるのだ。

　また「欠落させられた」というのは、自分が心から大切にしていたものを奪い取られた状態のことを言う。人間

は、すべてが完璧に満たされているような主人公にはなかなか感情移入できない。何かが欠落したり欠落させられたりした状態の主人公が頑張るから、応援しようと思うのだ。

　2番目のポイントは、主人公が、自分の欠落を埋めるために、また奪い返すために立ち向かう目標やゴールだ。それは、客観的に見ればとても無理なのではないかと思われるくらい、遠く険しい方がいい。目標やゴールが遠く険しいほど、それに立ち向かう主人公が魅力的に見える。

　3番目のポイントは、主人公が乗り越えていかなければならない障害・葛藤・敵対するものの存在だ。
　どんなに目標やゴールが遠く険しそうに見えても、主人公がそれを簡単にクリアしてしまえば「なんだ」という感想を抱いてしまう。主人公の行く手を邪魔するモノが現れる必要がある。それは物理的な障害であったり、敵対するライバルであったり、仲間と思っていた人間の裏切りだったり、自分自身の弱さだったりする。葛藤や障害が多いほど、人は心が動かされ、主人公やそのストーリーに感情移入するのだ。

宇宙世紀演説年表

本書で扱う演説に関連した事項を中心に、宇宙世紀を舞台とした各作品での歴史的出来事を年表として抽出。時系列の流れを確認する参考にしてほしい。
（太字は本書で扱う演説が行われた事象を示している）

機動戦士ガンダム THE ORIGIN（一年戦争開戦前）

U.C.0068		ジオン・ズム・ダイクン　演説中に死亡。
U.C.0074		**シャア・アズナブル、ジオン自治共和国士官学校に入学。**
U.C.0077		**士官学校最上級生による「暁の蜂起」勃発。**
U.C.0078		ジオン自治共和国軍、人型機動兵器「モビルスーツ」を完成。独立戦争に向けた準備が整う。ジオン公国設立。
U.C.0079	1月3日	**ジオン公国は、地球連邦に対して宣戦を布告。のちに一年戦争と呼ばれる独立戦争が勃発。**
	1月10日	ジオン公国はサイド2のスペースコロニーを地球へと落下させる「ブリティッシュ作戦」を敢行。
	1月23日	サイド5ルウム宙域にて、地球連邦軍とジオン公国軍による艦隊戦が行われ、モビルスーツの登場により地球連邦軍が敗北。
	1月31日	**地球連邦軍とジオン公国軍の間で、停戦に向けた会議が南極で行われる。レビル将軍による演説が放送され、戦争を継続するためのルールを定めた「南極条約」が締結される。**

機動戦士ガンダム（一年戦争）

	3月1日	**ジオン公国軍、第一次降下作戦実施（MS IGLOO 2 重力戦線）。**
	9月18日	ジオン公国軍がサイド7を強襲。地球連邦軍の新型モビルスーツ、ガンダムがジオン公国軍のザクと交戦。
	10月4日	北米シアトルにて、地球攻撃軍司令官ガルマ・ザビ大佐戦死。
	10月6日	**ジオン公国にてガルマ・ザビの国葬が行われる。**
	11月7日	地球連邦軍による地上での反攻作戦となる「オデッサ作戦」が決行され、ジオン公国軍は宇宙へと撤退。
	12月24日	ジオン公国軍の重要拠点「ソロモン」攻略戦が行われ、地球連邦軍が勝利。
	12月29日	地球連邦軍による宇宙での反攻作戦「星一号作戦」が発動。
	12月30日	ジオン公国軍によるソーラ・レイ攻撃が行われ、ジオン軍のデギン・ザビ公王、地球連邦軍のレビル将軍が戦死。
	12月31日	**ジオン公国軍の重要拠点である宇宙要塞「ア・バオア・クー」での総力戦が展開。**
U.C.0080	1月1日	一年戦争終結。

機動戦士ガンダム 0083 STARDUST MEMORY（デラーズ紛争）

U.C.0083	10月13日	〈デラーズ・フリート〉のガトー少佐、核弾頭と共にガンダム試作2号機を奪取。
	10月31日	**エギーユ・デラーズが、「デラーズ宣言」を行い、地球全域に対しデラーズ・フリートが宣戦を布告。**
	11月10日	デラーズ・フリートが、地球連邦軍の観艦式を核弾頭にて攻撃。地球連邦軍艦隊に大打撃を与える。
	11月11日	デラーズ・フリート、地球に向けたコロニー落下作戦を展開。地球連邦軍は阻止作戦を行う。
	11月13日	コロニーが北米大陸に落着。デラーズ・フリートは全滅し、「デラーズ紛争」が終結。
	12月4日	**ジオン軍残党狩りを行うエリート組織「ティターンズ」が連邦軍内に設立される。**

機動戦士Zガンダム（グリプス戦役）

U.C.0087	3月2日	ティターンズに対抗する反地球連邦組織〈エゥーゴ〉の活動が活発化。試験運用中のガンダムMk-Ⅱの強奪をきっかけに、「グリプス戦役」が勃発する。
	8月17日	エゥーゴの指導者ブレックス・フォーラ准将が暗殺される。
	10月12日	ジオン残党組織のひとつアクシズがアステロイド・ベルトから地球圏へ帰還。
	11月16日	**エゥーゴがダカールの連邦議会を占拠。新たにエゥーゴの代表となったクワトロ・バジーナことシャア・アズナブルが全世界に向けてティターンズの非道の実態を告発する。**
U.C.0088	1月18日	ティターンズ、スペースコロニー「グリプス2」を改良したコロニーレーザーを使った攻撃を開始。以後、エゥーゴ、アクシズが三つ巴でコロニーレーザーを巡る戦いを展開。
	2月22日	グリプス戦役終結。ティターンズが全滅し、エゥーゴが勝利するものの、戦力の半分を失う。

機動戦士ガンダムZZ（ネオ・ジオン戦争）

	2月29日	アクシズ、ジオン再興を宣言。ネオ・ジオンを標榜し、各サイドに制圧部隊を派遣する。
	8月1日	**ハマーン・カーンの指揮のもと、アクシズ、地球侵攻作戦を開始。**

U.C.0088	8 月 29 日	ネオ・ジオン、地球連邦政府の拠点であるダカールを占拠。地球連邦政府は戦闘回避を名目にネオ・ジオンを承認し、ザビ家が実権を回復することを認める。
	12 月 25 日	ネオ・ジオン内でグレミー・トト率いる一派が謀反し、内戦状態に突入。
U.C.0089	1 月 17 日	エゥーゴがネオ・ジオンを制圧。ハマーン・カーン死亡、ミネバ・ザビ行方不明。ネオ・ジオン戦争終結。

機動戦士ガンダム 逆襲のシャア（シャアの反乱）

U.C.0093	2 月 27 日	シャア・アズナブル、インタビューにおいて地球連邦政府に宣戦を布告する。
	3 月 4 日	小惑星フィフス・ルナを地球連邦軍本部のあるチベットのラサへ落下させる作戦を決行。
	3 月 6 日	**ネオ・ジオンと地球連邦政府がサイド１・ロンデニオンにて極秘裏に和平交渉を行う。**
	3 月 12 日	ネオ・ジオン、投降を擬装してルナツーを攻撃し、アクシズを奪取。地球に投下させる作戦「地球寒冷化作戦」を行うが失敗に終わる。シャアの反乱による戦争が終結。

機動戦士ガンダム UC（ラプラス事変）

U.C.0096		ビスト財団とネオ・ジオン残党軍『袖付き』が『ラプラスの箱』を巡る交渉を開始。その交渉を止めようとしたミネバ・ザビとバナージが出会う。
		ユニコーンガンダムに組み込まれた「ラプラス・プログラム」に導かれ、『ラプラスの箱』を巡って、地球連邦軍、『袖付き』、アナハイム・エレクトロニクス社が関わる戦いが展開。ユニコーンガンダムに乗り込んだバナージは〈インダストリアル7〉、旧首相官邸〈ラプラス〉、豪州トリントン、〈メガラニカ〉を転戦。
		『ラプラスの箱』の中身が、宇宙世紀改暦時に発表された真の宇宙世紀憲章であることが明かされる。その内容はミネバ・ザビによって地球圏の人々に伝えられた。

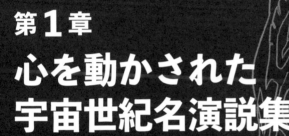

第1章
心を動かされた
宇宙世紀名演説集

　人類が宇宙に進出し、スペースコロニー
で生活することから始まった「宇宙世紀」。
　それは、宇宙生活者（スペースノイド）
と地球に住む者の間に大きな溝を生み、い
くつもの戦争を重ねる歴史となった。
　ここでは、そんな動乱の時代において、
戦意の高揚、進撃への説得、そして隠され
た真実を白日のもとにさらし人々の心に訴
えた演説を紹介。宇宙世紀の人々はどのよ
うに心を動かされたのか？　演説の中にあ
る本質を川上徹也が解説していく。

『機動戦士ガンダム THE ORIGIN』の演説

MOBILE SUIT GUNDAM THE ORIGIN

『機動戦士ガンダム THE ORIGIN』は、安彦良和が『機動戦士ガンダム』を再解釈して描いたコミックスを原作に、これまでアニメでは描かれてこなかった「一年戦争以前の歴史」にあたる部分をアニメ化した作品。そのため、他のガンダム作品でも語られる宇宙世紀の歴史の中で起こる事件が描かれているが、そこには安彦良和による独自解釈や新たな要素が加えられており、正史とは異なるパラレル的なポジションの作品となっている。物語は、シャア・アズナブルを主人公とし、彼がザビ家への復讐を見据えながら行動をおこしていく様子が描かれる一方で、安彦良和が得意とする社会性や政治的な要素が多く含まれた作劇がなされている。地球連邦政府からの自治独立運動が激化するという状況から始まる物語は、劇中の社会的な背景と連動し、劇中にも多くの演説シーンが登場する。

STORY
ストーリー紹介

　宇宙世紀0068年。サイド3では、地球連邦政府に対する政治的な不満が膨れ上がっていた。そんな中、市民運動を牽引していた議長のジオン・ズム・ダイクンが演説の最中に息絶えたのをきっかけに、首都コロニーであるムンゾでは、ザビ家とラル家による政争が始まってしまう。そして、ダイクンの遺児であるキャスバルとアルテイシアもその渦中に飲まれてしまうのだった。

　政争から逃れるべく母と別れ、故郷から離れたキャスバルとアルテイシアは、名をエドワウとセイラと変え静かに暮らしていた。しかし、幽閉されていた母の死がキャスバルを変貌させることになる。キャスバルは、友人であったシャアと入れ替わり、ジオン自治共和国の士官学校に入学し、ザビ家へ復讐すべく行動を開始。一方、歴史の歯車も独立戦争に向けて大きく動きだすのだった。

ギレン・ザビ *GIHREN ZABI*

ザビ家の長兄で一年戦争開戦時のジオン公国の総帥。ダイクン亡き後に公王の座についた父デギンの影で自身は地球連邦政府との独立戦争に向けて軍備増強と政治運動を強化。最終的には総帥という立場につき、市民を焚きつけるような弁舌を武器に独立戦争を開戦に導き、人類の総人口の半数を死に追いやったコロニー落とし＝ブリティッシュ作戦を指揮した。その過激かつ危険なものの考え方や冷酷さを父デギン、妹のキシリアは危険視していた。

ガルマ・ザビ *GARMA ZABI*

ザビ家の末弟であり、一年戦争開戦後は、大佐として地球方面攻撃軍指令として地球に降り立つ。ジオン自治共和国の士官学校へ入学し、シャア・アズナブルと出会う。当初はシャアをライバル視していたが、ある事件をきっかけに距離を縮め、最終的には無理矢理誘われる形で、地球連邦軍駐留基地を襲撃する「暁の蜂起」の中心人物として参加。この戦いは市民感情を独立戦争へ向けて後押しし、ガルマ自身を市民の英雄へ祭り上げることになる。

ヨハン・イブラヒム・レビル *JOHANN IBRAHIM REVIL*

地球連邦軍宇宙軍総司令。階級は大将。その立場からジオン公国が独立戦争を始める前の段階から、式典などでコロニーに訪れるなどしていた。独立戦争開戦後は、地球連邦軍宇宙軍の総指揮を担当するも、ルウム会戦ではジオン公国軍のモビルスーツを投入した作戦によって座乗艦が撃沈され捕虜となってしまう。しかし、ジオン内部の戦争を継続させようとする派閥の助力によって脱走に成功。実質上降伏となる早期停戦を止める演説を行った。

演説:01 ギレン・ザビ

士官学校時入学式での演説

機動戦士ガンダム THE ORIGIN 第3話

ギレン・ザビ

時代は今、新たな局面に向かいつつある！
移民一世以来の困難な時代を経て、
棄民とさえ呼ばれていたスペースコロニーの住民は
選ばれた民となった！

期せずして人類史の最前線に立ったのだ！
諸君はさらに、その前衛である！
エリートを自負することに躊躇するな！

諸君はエリートだ！

選ばれた民の中から、さらに厳しく選抜されてここにいる。
諸君らこそコロニー社会の守護者であると共に新人類のリーダーなのであるっ！

奮起せよ！
未来の将星をめざして邁進せよ！
我と我が戦線に加われ！

〈これに続いて、士官学校校長であり、ギレンの弟のドズルの演説が続く〉

本校の校長を拝命しているドズル・ザビである！
オレはすこぶる正攻法な男だ。
これから貴様らを徹底的に鍛える。

エリートか何か知らんが、弱い、
青白い奴に用はない！

今日は来賓として連邦宇宙軍のレビル中将閣下が来ておられる。

〈学生のレビルに対するブーイングが入る〉

その御前で口にするのもなんだが、
オレは本学の務めがせいぜいコロニーの自警団の
養成などとは考えていない！

本当の軍人！
本当の士官を育て上げることだ
と考えている！

校長として言いたいことは以上だ。

演説:01

BACK GROUND

●誰の演説か?:

ギレン・ザビ（当時はジオン自治共和国国民運動部長。この時点では、総帥ではないが軍部の最高指導者でもある）

●年　代:

U.C.0074 年

●状　況:

一年戦争と呼ばれる大戦の5年前。

地球連邦軍と実質的な植民地であるジオン共和国（のちのジオン公国）は決定的な敵対関係にはなっていないものの、地球連邦による圧政にジオン共和国民の不満は爆発寸前の状態であり、地球連邦から

の独立への気運が高まっている。そんな状況の中、地球連邦軍はジオン自治共和国に駐屯基地を置き、ジオン共和国の独立運動へ目を光らせていた。

ジオン共和国の士官学校も地球連邦の駐屯軍の監視のもとに置かれており、訓練なども地球連邦軍と提携する形で行われていた。そんな状況の中でジオン共和国は、地球連邦軍の監視のもとでの自治軍隊の強化を建前としながら、実際は自治独立に向けた軍人教育を画策しており、士官学校入

学生たちもそれを認識していたようである。

●演説の場所、誰に対しての演説か:

ジオン共和国自治軍を指揮することになるエリートを養成する士官学校にて、士官学校に入学する学生に対しての祝辞的な演説として行われた。ただし、来賓にレビル将軍をはじめとした地球連邦軍の高官が出席しており、彼らと表立って反目はしていないものの、独立に向けた人材を育成することを示した牽制の意図もある。

聞き手のプライドをくすぐれ！

　この演説で最も重要なポイントは、ギレンが聞き手である士官候補生たちを徹底的に持ち上げプライドをくすぐっている点だ。「諸君はエリートだ！」「諸君らこそコロニー社会の守護者あると共に新人類のリーダーなのであるっ！」と。

　ヒトラーもこの手法をよく使った。聴衆を徹底的に持ち上げプライドをくすぐるのだ。ドイツ国民に対しては「世界で一番優秀な民族だ」と褒め上げる。その時々の聴衆に対しても同様だ。

　たとえば政権獲得後すぐに陸軍統帥部長官邸でスピーチを行った時も、「我々は軍とともに軍のために働くつもりだ。栄光あるドイツ軍のために」というようなフレーズで、軍幹部たちのプライドをくすぐった。

　それまで、軍幹部たちはヒトラーのことを軽んじ懐疑的だったが、演説の効果で態度を一変させ支持にまわった。「軍部の地位向上」というまさに自分たちのプライドがくすぐられる内容だったからだ。

　このように「聞き手のプライドをくすぐる」ことは、独裁者ばかりでなくビジネスにおける人心掌握についても効果がある。

　さらにギレンの演説を受けて、士官学校の校長であるドズル・ザビが「エリートか何か知らんが、弱い、青白い奴に用はない！」とその正反対のことを語っていることにも注目したい。

　ギレンの演説で持ち上げられた士官候補生たちのプライドをズタズタにすることで、彼らの気を引き締める効果がある。いわば、飴と鞭。ギレンとドズル、この2つの演説が合わさって、士官候補生たちの人心を把握したと言えるだろう。

演説:02 ガルマ・ザビ

「暁の蜂起」出撃の演説

機動戦士ガンダム THE ORIGIN 第3話

ズム・シティの同胞を守るために我々は起つ！

これは一大事件となるだろう！

このことがきっかけに連邦とジオンは戦争状態になってしまうかも

しれないからだ！

しかし, 思い出してくれ！

なぜ, ここに入校したのか？　軍人を志したのか!?

スペースノイドの生命！

権利と財産を護るためだった！

連邦のためなどではない！

ガルマ・ザビ

連邦軍駐屯部隊を治安出動させてはならない！

ズム・シティの市民を殺させてはならない！

これは反乱ではない！

そうだろう!?　みんな!!　わかっているな, みんな！

これは訓練じゃない！　模擬戦でもない！

弾薬は実包だ！　当たったら死ぬんだ!!!

我々のうち何人かが確実に！

それでもいいんだなっ！

よぉし, 出撃だぁ！

演説:02

BACK GROUND

●誰の演説か?:

ガルマ・ザビ（ジオン共和国を指導するザビ家の四男。士官学校の首席の生徒。ザビ家の血筋ということで、今後に期待されている人物）

●年 代:

U.C.0077 年

●状 況:

一年戦争と呼ばれる大戦の 3 年前。

地球連邦の圧政によって市民感情が高まる中、地球連邦軍のジオン共和国駐留軍は、食料を製造するスペースコロニーの近くで艦船による事故を起こす。これがきっかけとなって、ジオン共和

国内ではついに市民による暴動が発生する。この暴動を鎮圧すべく、地球連邦軍は駐留軍の出動を発令。市民と駐留軍の大規模な衝突が起こってしまう。それでも治まることがない暴動に対し、駐留軍はさらなる増援を首都であるズム・シティへと送ることを検討。ジオン共和国の士官学校の生徒たちは、この状況を見過ごすことはできないと、士官学校の生徒のみで武装蜂起。駐留軍司令部へ乗り込む作戦を立てる。

●演説の場所、

誰に対しての演説か:

後に「暁の蜂起」と呼ばれる士官学校学生による出撃に向け、士官学校の武器格納庫にて首席生徒でありザビ家の男であるガルマ・ザビが、出撃準備を進める仲間たちへ向けて演説した。

●演説の影響:

「暁の蜂起」は成功し、駐留軍基地は制圧される。多くの市民が救われたということで、ガルマは市民にとって英雄となる。ジオン共和国内の世論は独立運動へと向かい、結果、ジオン共和国はジオン公国として地球連邦軍からの独立のきっかけとなった。

解説

過去の記憶を蘇らせて覚悟を問え！

　この演説の目的は、ガルマ・ザビが士官学校の仲間たちに蜂起を促すことだ。冒頭、ガルマは「自分たちが蜂起すると大事件になるだろう」と、聞き手が怖じけづくかもしれないことを語る。その上で「思い出してくれ？　なぜ、ここに入校したのか？　軍人を志したのか？」と過去の記憶を蘇らせる質問をする。これはとても効果のある質問だ。そしてガルマは、彼らの心に浮かんだであろうフレーズを口にする。「スペースノイドの生命！　権利と財産を護るためだった！」「連邦のためなどではない！」と。

　そしてこの演説の核心部分を語る「連邦軍駐屯部隊を治安出動させてはならない！　これは反乱ではない！」と。そして各人に本気の覚悟を問いかけることで、一気に行動へとつき進んだ。

　これとよく似た構成の演説が鎌倉時代にあった。初代将軍源頼朝が亡くなり、後鳥羽上皇が鎌倉幕府討伐の命を出した時のこと。動揺する御家人に向かって、頼朝の妻で尼将軍と呼ばれていた北条政子は、渾身の演説をする（政子の書いた文章を代理の人間が読み上げたという説もある）。

　その内容は、まず亡き頼朝への恩の記憶を御家人たちに思いおこさせ、その上で各人に「朝廷側につく者は今すぐ名乗り出よ」と本気の覚悟を問うものだった。この演説により、一致団結した幕府軍は朝廷軍を鎮圧。後鳥羽上皇が企てた、いわゆる承久の乱を失敗に終わらせたのだ。

　ガルマ・ザビも北条政子も、聞き手に問いかけることで過去の記憶を蘇らせ、そこから覚悟を問うことで、聞き手の心をひとつにして行動へと向かわせた。

演説:03 ギレン・ザビ

ジオン独立戦争開戦時の演説

機動戦士ガンダム THE ORIGIN 第5話

サイド２は天の業火で灼かれるのだ!

スペースノイドの大義に反逆した者への正当な報いであるっ!!
彼等は自ら求めた罰を受けたのだ!!
愚かなハッテ指導部を我々に敵対させた連邦こそが、
真の敵なのであるっ!!

我が同胞よ!
１億５千万の栄えあるジオン国民よ!!
戦いはこれからだ!

一糸乱れぬ隊伍を組んで、前へ進もうではないか!!

共に、勝利の日までっ!

演説：03

BACK GROUND

●誰の演説か?:
ギレン・ザビ（この時点で、ジオン公国総帥。軍の実質的な最高権力者）

●年代:
U.C.0079年1月

●状況:
一年戦争と呼ばれる大戦の開戦直後。ジオン公国が独立を宣言し、地球連邦軍に対して独立戦争の名目で宣戦を布告。ジオン公国軍は、7つあるスペースコロニー群（各コロニー群をサイドと呼ぶ）のうち、地球連邦軍派に傾いているサイドと地球圏へ進撃する際の拠点として利用できる月面基地への進軍を開始。その中で、親地球連邦軍派であったサイド2〈ハッテ〉は、大きな武力を持たないためにジオン軍の進撃に大敗。多くの市民が犠牲となった。

●演説の場所、誰に対しての演説か:
ジオン公国の首都ズム・シティから、地球連邦軍、ならびにスペースコロニー群全体に向けて放送によって演説。

●演説後の意図:
独立戦争における多大な犠牲者が出ることへの正当化。この後、ジオン公国はサイド2にあるスペースコロニーのひとつを巨大な質量爆弾にし、地球連邦軍の本部がある南米ジャブロー基地に向けて落下させる。この作戦は地球連邦軍の反撃によって本部への落着は阻止できたものの、地球へと落下。地球規模で大きな被害が出ることになる。

解説

敵対する相手は徹底的におとしめる

ギレン・ザビは、史上最凶の独裁者アドルフ・ヒトラーをモデルにしていると言われている。そのカリスマ性や「自国民は選ばれた優良人種である」とする選民思想の持ち主であることなどが共通するという。

また両者に共通するのが、演説でアジテーションするところだ。具体的な語り口調などはまったく違うが、確かに内容には共通するポイントはある。そのひとつが、「自分たちが正義で、敵対する相手はすべて悪。だから敵はどんなひどい目にあっても当然の報いだ」というロジックで、徹底的に罵倒することだ。

この演説であれば「サイド2は天の業火で灼かれるのだ! スペースノイドの大義に反逆した者への正当

な報いであるっ!! 彼等は自ら求めた罰を受けたのだ!!」という部分だ。

ヒトラーの演説も、その時々での敵(「共和国政府」「ユダヤ人」「共産主義者」「インテリ層」「連合国」など)に対しては、徹底的に罵倒して「どんなにひどい目にあってもそれは当然の報いだ」と言いはなつものが多かった。

彼は自身の著書『わが闘争』の中で、「大衆の感情は中途半端では動かない。否定か肯定か、正義か悪か、愛か憎か、正か不正か、のように単純で閉鎖的なものこそが効果を持つ」という趣旨のことを語っている。

ギレンのこの演説も、まさにこの理論を実践しているものだと言えるだろう。

演説:04 レビル将軍

南極条約「ジオンに兵なし」演説

機動戦士ガンダム THE ORIGIN 第6話

地球圏のみなさん。私はヨハン・イブラヒム・レビルです。

連邦宇宙軍大将として友邦ルウム救援作戦を指揮しました。

結果は大敗でありました。

司令官であった私の作戦と戦闘指揮が原因であります。

ご承知の通り私は負傷し、ジオン本国で捕虜となっていました。

今こうして友軍基地からお話ができているのは、勇敢なる我が軍の将兵に

よって救出されたからであります。

数十万の将兵と、多数の艦艇を失いました。

責任は全てこの私にあります。

レビル将軍

私がその栄光と誇りを失わしめた友軍によって

救出されたのは、神のご加護があったからです。

敗北による喪失と屈辱の汚名をそそぐべしという

神の思し召しがあったからです。

もしも再びその任を命ぜられることがあるならば、

私は全身全霊をもって雪辱を期すでありましょう。

現在、南極に於いて休戦条約の交渉が行われていることは

知っております。

無論私も平和を望んでいます。

しかし、現時点での休戦はなりません！
それは休戦ではありません！ 降伏でありますっ!!
それは永き歴史と文化・文明を有するこの地球市民が、
専制と独裁に屈するということであります!!

コロニー落としというような蛮行を彼等が敢えて行ったのは何故か!?
彼等も苦しいのです！
このような行為は、既にして彼等のあがきなのです！
ジオン公国のデギン・ソド・ザビが公王となり、
サイド３の実権を完全掌握した時に語った、
傲岸不遜な言葉を思い出していただきたい。
確かに、デギンの言うことにも一理はあります。
地球上で営々と権力をふるってきた地球型官僚達に堕落がなかったとは言い切れず、また、地球連邦軍にもその癖があったろうことは、否定しがたい事実です。

しかし、デギン・ザビの語る一面の真理のみに眼を奪われてはならないのです。

地球連邦とは、個人の主権の確立の上に立った政府です。
人類が有史以来、初めて宇宙に進出したのも、地球連邦という人類の総意と叡智の結晶たる政府があったればこそ、成しえた偉業だったはずです。
その偉業を支えた無辜の民を、数十億の罪なき人々を殺戮したジオンに、また、その作戦を実行させたギレンに、何を語る権利があるというのか!?

地球市民の皆さん、デギン、ギレンを信じてはならない！
彼等の言葉は脅しに過ぎない！
ザビ家一統の独裁を決して許してはならないのです！

ジオンを過大に評価すべきではありません！
人的、物的資源がもとより限られているジオンは長く戦いを続けることなど出来ない！

ジオンの思惑に乗るべきではありませんっ！
我々は戦い続けるべきなのです！

ジオンに兵なしっ！
我々は必ず勝利する！！

演説:04

BACK GROUND

●誰の演説か?:

ヨハン・イブラヒム・レビル
（地球連邦宇宙軍司令官）

●年　代:

U.C.0079年1月31日

●状　況:

一年戦争の序盤における趨勢を決める艦隊戦「ルウム会戦」後。ジオン公国派と地球連邦派に大きく分かれて市民同士が衝突を繰り返すサイド5〈ルウム〉。ジオン公国軍はサイド5を自軍の味方に付けたいと考えるが、ルウムにはすでに地球連邦軍からの武力支援が約束されていた。その結果、世論は大きく地球連邦派に傾き、ジオン公国軍はルウムの掃討を決定。その結果、ルウム宙域において地球連邦軍とジオン公国軍による大規模な艦隊戦「ルウム会戦」が勃発した。戦力に劣るジオン公国軍に対し、大規模な艦隊で臨んだ地球連邦軍の勝利が確定的かと思われていたが、ジオン公国軍によるモビルスーツの投入によって戦況は逆転。レビル将軍が率いる地球連邦宇宙軍は大敗を喫し、レビル将軍も捕虜として捕らえられてしまう。レビル将軍はその後、地球連邦軍と地球連邦軍に内通する人物の手引きによって

脱走に成功。地球の南極基地では地球連邦軍とジオン公国軍の休戦協定（南極条約）が結ばれようとしていた。これは休戦協定といいながらも、事実上の地球連邦軍の敗北宣言となる状況だった。

●演説の場所、
誰に対しての演説か:

連邦軍の宇宙空間の拠点であるルナツーより、地球圏全域に放送。

●演説によって変化した状況:

地球連邦軍敗北によって終わろうとしていたジオン独立戦争は、レビルの演説によって戦争続行が決定。南極条約では、今後の戦争におけるルールが決まることとなる。

解説

敗を認め戦争継続を訴えろ！

レビル将軍がこの演説を行ったとき、地球連邦軍とジオン公国の間に休戦条約が結ばれようとしているところだった。この空気を読まない演説により、戦争は継続されることになる。後に言うところの「一年戦争」の始まりだ。「不利な戦況での停戦合意は『降伏』と同じだ」とレビルは考えたのだろう。

現実の歴史でも、敗色濃厚で和平交渉が始まろうという最中に、空気を読まずに戦争の継続を訴えた人物がいる。それが1940年5月にイギリス首相に就任したウィンストン・チャーチルだ。

前年に始まった、ドイツ vs イギリス・フランスの戦争は、連合軍が圧倒的な不利な状況だった。フランスは降伏寸前で、イギリス国内にもナチスとの和解推進の声が高まっていた。そんな状況のもと、下院議会で演説を行ったチャーチルは、空気を読まずに以下のように議会や国民を鼓舞して戦争継続を訴えた。

「我々は最後まで戦う。フランスで戦い、海で戦い、空で戦う。我々はいかなる代償を払おうとも、この島を守る。海岸で戦い、上陸地点で戦い、野で、街で、丘で戦う」

この演説によってイギリスはドイツとの戦争を続けることを決定。結果的にはチャーチルの無謀というべき決断がなければ、ヒトラーのヨーロッパでの覇権が確立していたかもしれない。チャーチルも「停戦合意は降伏と同じ」と考えたのだ。

『機動戦士ガンダム』の演説

MOBILE SUIT GUNDAM

　1979年に放送され、その後40年にわたって支持され続けることになるシリーズの原点的な作品。スペースコロニーに居住する宇宙生活者＝スペースノイドと彼らを地球から管理する地球連邦政府との軋轢を背景に起こった、ジオン公国と地球連邦軍による一年戦争を舞台に、偶然戦いに巻き込まれたアムロ・レイら少年少女たちの戦いを描いていく。

　物語はアムロたちが地球連邦軍に身を置き、戦争という状況の中で相対する敵兵との戦いや過酷な戦場の状況などが主軸となりながらも、ジオン公国内で権力を掌握しているザビ家の人間関係にもスポットが当たっていく。中でも、総帥であるギレンによる国民を鼓舞するような演説が挿入されることによって、『機動戦士ガンダム』という作品は戦場ものの枠を越えた政治的な要素が描きだされたとも言えるだろう。

STORY
ストーリー紹介

　宇宙世紀0079年。ジオン公国が地球連邦軍に対し独立宣言。一年戦争が勃発する。しかし、戦争は膠着状態に陥り半年以上が過ぎた。同じ頃、サイド7において、地球連邦軍は新型モビルスーツ「ガンダム」の最終テストが行われていた。そこにジオン公国軍のシャア・アズナブル少佐率いる部隊が強襲。民間人であるアムロ・レイ少年がガンダムに搭乗しこれを退ける。ガンダムを収容するためにサイド7に入港していた強襲揚陸艦ホワイトベースは、避難民として乗り込んだ人々と協力して脱出。ジオン軍の追撃を受けながら地球へと向かうのだった。避難民を乗せたままジオン軍と交戦しながら、ホワイトベースは地球連邦軍本部であるジャブロー基地を目指すが、その道中で、アムロたちは過酷な戦いを経験し、一年戦争の戦渦に巻き込まれていく。

ギレン・ザビ *GIHREN ZABI*

　ジオン公国軍総帥。ザビ家の長兄として、弟であるガルマ・ザビの戦死に伴う国葬の場で戦意高揚のプロパガンダ的な演説を行い、その過激な考え方は地球連邦軍側にも伝わることとなった。冷酷な性格で、自分の考えに関しては大きな自信を持っている。自身の意見に異を唱えるならば実の父親でさえも排除する考えを示す。選民思想的な考えを全面に押し出しており、終戦間際のア・バオア・クーの戦いにおいての演説でもその考え方が骨子にもなっていた。

キシリア・ザビ *KYCILIA ZABI*

　ジオン公国軍少将。ギレン、ドズルの妹であり、ガルマの姉にあたる。モビルスーツを中心とした軍隊である突撃機動軍の司令であり、地球へ向けた攻撃を行う地球方面軍の指揮権も持つ。政治的な野心を持っており、長兄のギレンとは政治的に対立していた。父デギンを謀殺したことを理由にギレンを殺害し、最終的にはジオン公国軍の指揮権も獲得する。『機動戦士ガンダム MS IGLOO 2 重力戦線』において、地球降下作戦に向けた演説を行っている。

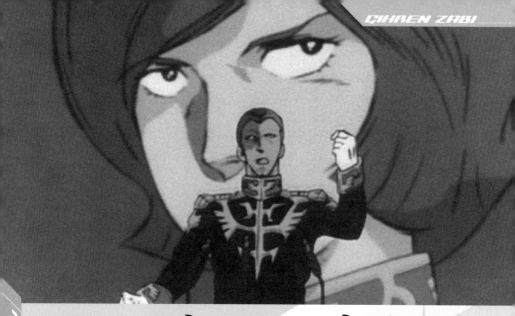

演説:05 ギレン・ザビ

ガルマ・ザビ国葬時における演説

機動戦士ガンダムⅠ

われわれはひとりの英雄を失った。

しかし、これが敗北を意味するのか？

否、始まりなのだ。

地球連邦に比べ、我がジオン公国の国力は30分の1以下である。

にもかかわらず、今日まで戦い抜いてこられたのは何故か？

諸君、我がジオン公国の戦争目的が正義だからだ。

これは諸君らが一番知っている。

我々は地球を追われ宇宙移民者にさせられた。

そして、ひと握りのエリートが、

宇宙にまで膨れ上がった地球連邦を支配して五十余年。

宇宙に住む我々が自由を要求して、何度踏みにじられたか。

ジオン公国の掲げる、人類ひとりひとりの自由のための戦いを

神が見捨てるわけはない。

私の弟、諸君らが愛してくれたガルマ・ザビは死んだ。

何故だ？

新しい時代の覇権を、我ら選ばれた国民が得るのは歴史の必然である。

ならば、我らは襟を正し、この戦局を打開しなければならぬ。

我々は過酷な宇宙空間を生活の場としながらも

共に苦悩し、練磨して今日の文化を築き上げてきた。

かつて、ジオン・ダイクンは

人類の革新は宇宙の民たる我々から始まると言った。

しかしながら、**地球連邦のモグラ共は**

自分たちが人類の支配権を有すると増長し、我々に抗戦をする。

諸君の父も、子も、その連邦の無思慮な抵抗の前に死んでいったのだ。

この悲しみも、怒りも、忘れてはならない。

それを、ガルマは死をもって我々に示してくれた。

我々は今、この怒りを結集し、連邦軍に叩き付けて

はじめて真の勝利を得ることができる。

この勝利こそ、戦死者すべてへの最大の慰めとなる。

国民よ！ 悲しみを怒りに変えて、立てよ、国民よ！

われらジオン国国民こそ、

選ばれた民であることを忘れないで欲しいのだ。

優良種たるわれらこそ、人類を救い得るのである。

ジーク・ジオン！

演説：
05

ギレン・ザビ ❖ ガルマ・ザビ国葬時における演説

BACKGROUND

●誰の演説か?:

ギレン・ザビ（ジオン公国総帥）

●年 代:

U.C.0079年10月6日

●状 況:

実弟であるガルマ・ザビが戦死。その国葬時の演説。

U.C.0079年1月に一年戦争が開戦して10ヵ月、実弟であるガルマ・ザビが敵部隊との交戦で戦死（実際はシャア・アズナブルによる謀殺）したことを受け、ギレンは国葬を提案。家族のみで弔いたいという父デギン・ソド・ザビと意見を異にするが、国民の戦意高揚を狙ったギレンは国葬を実施する。

葬儀においてギレンはガルマを「英雄」としたうえで、ジオン公国の戦争理由と、それを遂行しようとする自分たちをエリートとする演説を行う。しかし、ギレンのこの行為は、デギンとの軋轢の原因となった。

●演説の場所、誰に対しての演説か:

演説はジオン公国本国、公王庁舎と呼ばれる建物の前で執り行われたガルマ・ザビの国葬で実施された。対象は自国民で、前述のガルマを英雄として祭り上げると同時に宇宙居住者（スペースノイド）をエリートとする自説を盛り込むことで、戦意を高揚させ、戦争遂行の意思統一を図った。また、この様子は全世界に放送された。これはジオン公国の継戦意志を見せつけようとする意図があったと思われる。

弟の死を利用して怒りに転化させる

この演説の目的は何だったのか？　もちろん、ジオン国民の人心掌握のためであり、戦意高揚のためである。ギレンにとっては、弟であり英雄とみなされていたガルマが亡くなったタイミングは、国民の悲しみを怒りに転化させるには最高のタイミングだからだ。実際に、ギレンは終盤で「国民よ！　悲しみを怒りに変えて、立てよ、国民よ!」と、演説の意図をストレートに語っている。

現実社会でも、悲しみを敵への怒りに転化させるという手法は、政治家によってよく使われる。2001年9月11日、アメリカで同時多発テロが発生。ニューヨーク貿易センターのツインタワー、ワシントンの国防総省（ペンタゴン）にハイジャックされた旅客機が激突し、多くの犠牲者が出た。

その夜、ブッシュ大統領は国民に向けてテレビ演説を行った。ブッシュは当日起こった悲しむべき出来事について振り返りながら　国民の悲しみを怒りに転化させた。「テロリストの行為は、鉄筋は壊せても、アメリカ人の鉄のような決意を損なうことはできない」というレトリックで。その後の演説でブッシュは証拠もないまま敵を特定し、「国民が結束してテロとの戦いを進めていく」という決意を語るようになっていく。

それまで50%を切る低支持率だったブッシュ大統領は、これらの演説で一気に90%以上の支持率を得た。その後、アメリカは、アフガニスタン侵攻、イラク戦争への道を突き進んでいく。

演説:06 ギレン・ザビ

ア・バオア・クーにおける演説

機動戦士ガンダムⅢ

我が忠勇なるジオン軍兵士たちよ。

今や地球連邦軍艦隊の半数が我が

ソーラ・レイによって宇宙に消えた。

この輝きこそ、我らジオンの正義の証である。

決定的打撃を受けた地球連邦軍にいかほどの戦力が残っていようとも

それはすでに形骸である。

敢えて言おう、カスである、と。

それらの軟弱の集団が、

このア・バオア・クーを抜くことはできないと私は断言する。

人類は、我ら選ばれた優良種たるジオン国国民に管理、

運営されて初めて永久に生き延びることが出来る。

これ以上戦い続けては、人類そのものの存亡にかかわるのだ。

地球連邦の無能なる者どもに思い知らせ、

明日の未来のために、

我がジオン国国民は立たねばならんのである。

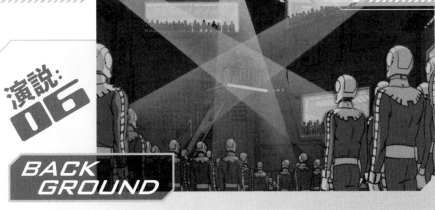

演説:06

BACK GROUND

●誰の演説か?:

ギレン・ザビ(ジオン公国総帥)

●年　代:

U.C.0079年12月31日

●状　況:

宇宙要塞ア・バオア・クーにおいて、戦闘直前に行った演説。U.C.0079年12月31日、一年戦争の最後の大規模な戦闘となったア・バオア・クー攻防戦の直前、地球連邦軍艦隊が迫る中、宇宙要塞に集結したジオン公国軍の将兵に対しギレン・ザビが行った。

ガルマ・ザビの国葬以降、地球での大規模な戦闘に敗北したジオン公国軍は劣勢に追い込まれ、12月下旬には領土のほぼすべてを失い、宇宙に残された軍事拠点は自国とこの宇宙要塞ア・バオア・クーのみとなっていた。このように戦局はジオン公国軍にとって極めて不利であったが、ギレンは敵である地球連邦軍艦隊に大打撃を与えたことを喧伝。士気の高揚を狙った。

●演説の場所、

誰に対しての演説か:

場所はジオン公国の宇宙要塞ア・バオア・クー、対象はジオン公国軍兵士。「ガルマ・ザビの国葬」時と同じく、自国の正統性と優越性を謳った演説で、前述の通り兵士の士気を高揚させた。

●演説の影響:

一年戦争末期という状況において、総司令が演説を行って鼓舞することは、士気を上げるという点においては多少の影響があったと思われる。その一方でジオン公国軍は人員の不足も顕著であり、さらにこの後にギレン自身が死亡してしまったことから、ジオン公国軍は敗戦してしまう。

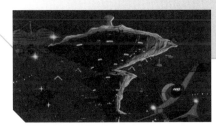

解説

敵の被害は徹底的に誇張せよ!

　この演説でギレンは、自軍が圧倒的に不利な戦況にもかかわらずそれを伝えず、あたかも敵が壊滅的な被害を受けたように語っている。このように、相手の被害を過大に報告し、自軍の被害には触れないという手法は、現実社会においても戦時には多くの国で実施されていることである。なぜなら、戦況がおもわしくないことを知ると、国民の士気が失われ厭戦気分になり和平を求める声が高まるからだ。

　第一次世界大戦でフランス軍は、開戦一ヵ月ですでに30万人以上の戦死者を出していたが、まったく発表せずひたすらドイツ軍に与えた被害のみを報道した。第二次世界大戦のドイツは、対ソビエト戦で敗北したことをずっと国民に隠していた。ベトナム戦争にお

いてアメリカは、生じた損失をできるだけ報道しないようにした。その中でも抜きんでてデタラメな戦果を国民に発表し続けていたのは、太平洋戦争における大日本帝国だろう。いわゆる「大本営発表」だ。もっとも開戦当初はほぼ正確な発表がされていた。それが戦況がおもわしくなくなると、戦果の水増しと隠ぺいが常習化され、惨敗を大勝利などと発表するようになってしまったのだ。

　ギレンも、本当の戦況を話して、軍や国民の戦意が喪失するのを恐れてこの演説を実施したのだろう。それにしても「地球連邦軍にいかほどの戦力が残っていようともそれはすでに形骸である。敢えて言おう、カスである、と」という強がりはちょっと笑える。

演説: 07 キシリア・ザビ

地球侵攻作戦開始の演説

機動戦士ガンダム MS IGLOO2 重力戦線　第1話

鷲は舞い降りる!
これはスペースノイドにとって
大きな飛躍なのである。

ギレン総帥は決断されたのだ。

ジオン独立戦争開戦劈頭… 我々は正義の剣を地球へと打ち込んだ……
然るに地球連邦の者どもは未だ重力に呪縛され惰眠を貪っている。

総帥はこのキシリアに命じられた……

最早我が腕により正義の鉄槌を下すため重力戦線を形成すると!
真の自由のために我々は重力のルツボへと舞い降り
地球の解放を約するものであると!

我が第1地上機動師団は既にして空挺堡を欧州方面に構築し
西方を平らげるべく進軍しつつあり!

BACK GROUND

●誰の演説か?:
　キシリア・ザビ(ジオン公国軍突撃機動軍総司令)
●年　代:
　U.C.0079年3月
●状　況:
　南極条約を経て、ジオン独立戦争における地球連邦軍とジオン公国軍の戦争継続が決定。その後、ジオン公国軍による地球侵攻作戦が決行される。地球への侵攻は、宇宙と地球を往還する輸送船となるHLVに兵器を搭載し、それを大気圏外から地上へ降下させるというものであった。戦況はジオン軍にとって優勢ながら敵陣営の真っ只中に降り立つということは大きな危険が伴った。そんな状況の中、この演説は地球方面攻撃の総司令であるキシリア自らが、兵たちを鼓舞するために行ったものである。

『機動戦士ガンダム0083 STARDUST MEMORY』の演説

MOBILE SUIT GUNDAM 0083 STARDUST MEMORY

『機動戦士ガンダム0083 STARDUST MEMORY』（以下、0083）は、1991年にOVAとして発表された作品。『機動戦士ガンダム』から続編である『機動戦士Zガンダム』においては、劇中の時間で7年の年月が過ぎており、その間にどのような歴史的変化が起こったのか注目されていた。『0083』では、その描かれなかった時系列となる宇宙世紀0083年を舞台に、地球連邦軍によるジオン軍の残党狩りがどのように強まっていったのかを描いている。宇宙世紀のミッシングリンクを結ぶことになる、ジオン軍の生き残りであるエギーユ・デラーズが組織したデラーズ・フリートと地球連邦軍による紛争を軸に、劇中ではジオン残党軍が決起する際のデラーズの演説が物語を大きく盛り上げ、ストーリーを引っ張っていくことになる。

STORY
ストーリー紹介

宇宙世紀0083年。一年戦争終結から3年が経過し、地球連邦軍再建計画が動き出す。その中で、ガンダム開発計画が発動する。2機のガンダム試作機の性能テストが行われる中、核兵器を搭載した試作2号機がジオン残党軍〈デラーズ・フリート〉に強奪されてしまう。ガンダムを運用する予定であった強襲揚陸艦アルビオンは、ガンダム試作1号機を搭載し、奪われた試作2号機の追撃・奪還任務に就く。しかしそれは、デラーズ・フリートによるジオン再興に向けた戦いの序章に過ぎなかった。

核弾頭を使い地球連邦軍艦隊の多くを撃沈させたデラーズ・フリートは、地球連邦軍に宣戦を布告。移送中のスペースコロニーを奪取し、それを落下させる計画を発動する。そして、その戦いは宇宙世紀0083年以降の地球圏に大きな影響を与えることになるのだった……

エギーユ・デラーズ *AIGUILLE DELAZ*

　一年戦争から生き残ったジオン残党軍の中で、最大の勢力を持った〈デラーズ・フリート〉の指導者。人格者であり、アナベル・ガトーをはじめとした、ジオン残党軍の兵たちからも厚い信頼を得ていた。地球圏の暗礁空域に「茨の園」と呼ばれる基地を設営し、3年間水面下で行動して地球連邦への反抗作戦を画策。ガンダム試作2号機を強奪し、ジオン独立戦争の正当性を謳った演説を行うことで、デラーズ・フリートによる決起を宣言する。

バスク・オム *BASK OM*

　地球連邦軍の士官であり、後に地球連邦軍の特殊部隊であるティターンズの総司令となる人物。一年戦争時の負傷が原因で視覚障害を負ったがために、スペースノイドへの憎悪を抱き、アースノイド至上主義を提唱。そうした思想的な背景を持つため、ジオン残党軍へは執拗な攻撃を行った。同じくアースノイド至上主義を唱えるジャミトフ・ハイマンを支持し、彼と共に連邦軍内部での勢力拡大を行い、ティターンズを設立することになる。

演説:08 エギーユ・デラーズ

デラーズ・フリートの宣戦布告 「デラーズ宣言」

機動戦士ガンダム0083 STARDUST MEMORY 6話

地球連邦軍、ならびにジオン公国の戦士に告ぐ。

我々はデラーズ・フリート。

いわゆる一年戦争と呼ばれた、
ジオン独立戦争の終戦協定が偽りのものであることは、
誰の目にも明らかである。
なぜならば、協定はジオン共和国の名を騙る売国奴によって
結ばれたからだ。

我々は、いささかも戦いの目的を見失ってはいない。
それは間もなく実証されるであろう。

私は日々思い続けた。
スペースノイドの自治権確立を信じ、戦いの業火に灼かれていっ
た者たちのことを。

エギーユ・
デラーズ

そして今また、敢えてその火中に飛び入らんとする
若者のことを。
スペースノイドの心からの希求である自治権要求に対し、
連邦がその強大な軍事力を行使して
ささやかなるその芽を摘み取ろうとしている意図を
証明するに足る事実を私は存じておる。

見よ、これが我々の戦果だ。

このガンダムは、核攻撃を目的として
開発されたものである。
南極条約違反のこの機体が開発された事実を
もってしても呪わしき連邦の悪意を否定できうる者が
おろうか。

顧みよう、なぜジオン独立戦争が勃発したのかを、
なぜ我らがジオン・ズム・ダイクンと共にあるのかを。

我々は３年間待った。

もはや、我が軍団に躊躇いの吐息を漏らす者はおらん。
今、真の若人の熱き血潮を我が血として、
ここに私は改めて地球連邦政府に対し、宣戦を布告するものである。

かりそめの平和への囁きに惑わされることなく、
繰り返し心に聞こえてくる祖国の名誉のために。

ジーク・ジオン！

演説: 08

BACK GROUND

●誰の演説か?:

エギーユ・デラーズ《デラーズ・フリート〉の首魁〉※元ジオン公国軍の将官。ア・バオア・クー攻防戦の終盤に、艦隊を率いて戦場を離脱。戦後は〈デラーズ・フリート〉として反連邦活動を行っていた。

●年代:

U.C.0083 年 10 月 31 日

●状況:

核兵器装備型モビルスーツ（MS）の奪取と、その実態の暴露。

地球連邦軍が開発した核兵器装備型 MS を奪取したデラーズ・フリートは、核兵器の開発が「南極条約」違反として連邦軍の条約違反を糾弾。南極条約とは、一年戦争初期に締結された戦時条約で、「核の開発・使用禁止」などの条項が含まれていた。しかし、地球連邦軍は「戦時条約」という特性上、終戦で効力は失ったと考えていた。これに対し、彼は終戦協定を地球連邦と締結したのは、「ジオン公国」ではなく「ジオン共和国」であったことから、終戦協定の正当性に異議を唱え、宣戦布告を行った。この演説を契機として「デラーズ紛争」と呼ばれる争乱が始まることとなった。

●演説の場所、誰に対しての演説か:

〈デラーズ・フリート〉の根拠地である「茨の園」で行われた。演説はほぼ全世界に対して放送され、〈デラーズ・フリート〉の将兵に加え、地球連邦関係者、市民などが目にした。

●補足:

〈デラーズ・フリート〉は、地球連邦の打倒を目指したのではなく、地球環境に打撃を与えることで宇宙と地球のパワーバランス（具体的には自給率の変化に伴う食糧供給のバランス）の変化を狙っていたといわれる。

解 説

フェイクであっても何度も語れ！

　エギーユ・デラーズが、この演説を行った目的は、終戦協定の無効を訴え、地球連邦政府に対しての宣戦布告の大義を語ることである。地球連邦軍やジオン公国の戦士たちに語りかける体裁になっているが、実質的には自らの軍に向けての士気を高めることが目的だ。

　デラーズは、この演説でまず「ジオン独立戦争の終戦協定が偽りのものであることは、誰の目にも明らかである」と終戦協定を否定する。理由は「協定はジオン共和国の名を騙る売国奴によって結ばれたからだ」というもの。客観的にみてこのロジックが本当に正しいかどうかはわからない。しかし、味方の士気を高めるための演説では、話す内容が「真実」かどうかは実は大きな意味をもたないのだ。なぜなら人間には、自分に都合のよい情報だけを受け入れてしまうという「確証バイアス」と呼ばれる特性があるからだ。

　たとえばアメリカ大統領ドナルド・トランプは、どう考えてもフェイクだろうということを平気で語る。しかし熱烈な支持者たちはそれを真実だと信じる。

　ナチスの国民啓蒙・宣伝大臣であったゲッベルスも「もしあなたが嘘を何度も何度も繰り返せば、人々はそれを信じるようになり、あなた自身さえそれを信じるようになる」と言っている。敵側からすればムチャクチャなロジックであっても、味方に対して何度も何度も真実らしく語れば目的は達せられる可能性が高いのだ。もちろん、受け手としてはそのような詭弁に騙されないように気をつけなければならない。

演説:09 バスク・オム

ティターンズ設立時の演説

機動戦士ガンダム0083 STARDUST MEMORY　第13話

顧みろ！

今回の事件は 地球圏の静謐を夢想した 一部の楽観論者が招いたのだ！
デラーズ・フリートの決起などはその具体的一例に過ぎぬ。

また3日前北米大陸の穀倉地帯に大打撃を与えた。
スペースコロニーの落下事故を見るまでもなく
我々の地球は絶えず様々な危機に晒されているのだ！

地球…この宇宙のシンボルを忽（ゆるが）せにしないためにも我々は誕生した！
地球… 真の力を再びこの手に取り戻すためティターンズは起つのだ！！

BACK GROUND

●誰の演説か?:
バスク・オム
（ティターンズ大佐）

●年 代:
U.C.0083年12月4日

●状 況:
「デラーズ紛争」終結直後、ジャミトフ・ハイマンの提唱によって地球連邦軍の特殊部隊〈ティターンズ〉が結成された際に行われた。紛争において北米の穀倉地帯は大打撃を受けており、ジオン公国残党への危機感が高まっていた時期でもあった。そうした状況下で行われたこの演説は、「地球を守護する」という名目を打ち出した結果、「地球の守護者たるティターンズ」設立の正当性を訴えることに成功。その後、ジオン残党の掃討を目的に設立されたティターンズだったが、宇宙移民への弾圧など、活動を過激化させていく。

コラム

二つの「黄金律にそったストーリー」を交錯させる！

「はじめに」で、ヒトラーが「ストーリーの黄金律」の優れた使い手であることを述べた。このコラムでは、彼がどのようにそれを使ったかについて解説する。

ヒトラーが政権を取る前に、演説で語る決まったパターンがあった。それは、二つのストーリーを交錯させることで、民衆にナチスへ期待を高めるという手法だ。

まず登場する「欠落した主人公」はドイツだ。ヒトラーは現状のドイツを徹底的にこきおろす。そして自分たちは特別に優秀な民族であるにもかかわらず、第一次世界大戦に敗れたことで屈辱的なベルサイユ条約を飲まされ、莫大な賠償金を戦勝国に払いつづけなければいけない状況を嘆くのだ。
「ドイツがこんな情けない国になって恥ずかしくないのか？　ドイツ民族は本来、世界で一番優秀な民族なのだ。だからこそまわりの国はドイツを恐れて抑圧する。1919年のベルサイユ条約がいい例だ。こんな屈辱にいつまで我慢しているのか？」という風に。

さらに、現状はそんな情けないドイツだが、自分たちナチスにまかせたら「かつての大ドイツ帝国の栄光を取り戻すことができる」と民衆に夢を見せる。それは、まさにドイツを欠落した主人公にした、黄金律にそったストーリーだ。

演説の終盤になると、自分がそんなストーリーを実現できる根拠が示される。それは自らのストーリーだ。たった7人から始まったちっぽけな政治結社だったナチスを、自分はここまでの大政党にした。

そんな自分だからこそ、今のちっぽけなドイツも、かつて大帝国だったドイツのように蘇らせることができると訴えたのだ。

つまり、以下の二つの「黄金律にそったストーリー」をうまく交錯させてるのに成功している。

ストーリー①

「どん底のドイツ（欠落した主人公）」が、「かつてのドイツ帝国のような大国になる（遠く険しい目標）」にむかって、「国民ひとりひとりにのしかかる課題（敵や障害）」を乗り越えていくという物語。

ストーリー②

「たった7人だったナチス党（欠落した主人公）」が、大政党になったように「どん底のドイツの復活（遠く険しい目標）」にむかって、「ナチス以外のすべての政治勢力（敵や障害）」を乗り越えていくという物語。

ストーリー①でドイツ（＝自分たち）を主人公にした物語に感情移入した民衆は、自然とストーリー②のヒトラーにも感情移入するように仕掛けられているのだ。もちろん冷静に考えれば①と②の間には何の繋がりもないのだが、大衆は、ヒトラーこそが自分たちの国を救ってくれる救世主だと錯覚したのだ。

このテクニックは、「演説05」のギレン・ザビの演説にもみられる。「ガルマの死」と「ジオン公国の屈辱の歴史」という二つのストーリーを交錯させているのだ。

『機動戦士Zガンダム』の演説

MOBILE SUIT Z GUNDAM

『機動戦士ガンダム』から6年後の1985年に制作された続編。一年戦争終結の7年後の宇宙世紀を描く。アムロやシャア、ブライトなども登場し、シリーズ内での時間の経過をうかがわせる点が特徴である。エゥーゴとティターンズという地球連邦軍内の勢力の争いに、ジオン残党勢力であるアクシズが介入することで、3つの勢力が権謀術数を駆使、それがより複雑な組織間関係を作り上げている。なお、『機動戦士ガンダム 0083 STARDUST MEMORY』は、本作の前日譚にあたる作品である。『機動戦士Zガンダム』は、2005年から2006年にかけて劇場版3部作が制作された。

STORY

ストーリー紹介

宇宙世紀0087年、ティターンズは宇宙居住者（スペースノイド）への弾圧を強化。この状況に危機感を抱いた有志は反地球連邦組織〈エゥーゴ〉を組織し、活動を行っていた。そして、エゥーゴによるティターンズの新型モビルスーツ強奪事件を契機として、両者は全面的な武力衝突へと突入、グリプス戦役が勃発する。この事件にかかわったカミーユ・ビダンは、成り行きからエゥーゴに参加、モビルスーツのパイロットとして戦いに身を投じる。そして戦役のさなか、ジオン残党勢力であるアクシズが地球圏に帰還したことで、事態は混迷の度合いを深めていく。こうした状況の中、連邦議会においてクワトロは自身がシャア・アズナブルであることを明かし、さらにティターンズの実態を告発する演説を行う。これがターニングポイントとなり、戦役は終結に向け動き出していく。

クワトロ・バジーナ
QUATTRO VAGEENA

　地球連邦軍の大尉。エゥーゴ MS 部隊の指揮官を務めた。その正体はかつての「赤い彗星」シャア・アズナブルである。一年戦争後、小惑星アクシズに身を寄せていたシャアだが、地球圏に帰還した際に非合法に軍籍を得て、クワトロ・バジーナの名で活動を開始する。エゥーゴの指導者であるブレックス・フォーラ准将の暗殺後は、組織を率い、アクシズとの交渉やキリマンジャロ基地攻略戦などを指揮するが、戦役の最終局面において行方不明となる。

演説:10 クワトロ・バジーナ

ダカール連邦議会での演説 「ダカール演説」

機動戦士Zガンダム 第37話

議会の方と、このテレビを見ている連邦国国民の方には
突然の無礼を許していただきたい。
私はエゥーゴのクワトロ・バジーナ大尉であります。
話の前に、もうひとつ知っておいてもらいたい事があります。

**私はかつて、
シャア・アズナブルという名で
呼ばれていたことのある男だ。**

私はこの場を借りて、
ジオンの遺志を継ぐ者として語りたい。

**もちろんジオン公国のシャアとしてではなく、
ジオン・ダイクンの子としてである。**

クアトロ・
バジーナ

50

ジオン・ダイクンの遺志は、ザビ家のような欲望に
根ざしたものではない。
ジオン・ダイクンがジオン公国を作ったのではない。
現在、ティターンズが地球連邦軍をわがものにしている事実は、
ザビ家のやり方よりも悪質であると気付く。

人が宇宙に出たのは、
地球が人間の重みで沈むのを
避けるためだ。

そして宇宙に出た人類は、その生活圏を拡大したことによって
人類そのものの力を身につけたと誤解をして、
ザビ家のような勢力をのさばらせてしまった歴史を持つ。

それは不幸だ。

もうその歴史を繰り返してはならない。
宇宙に出ることによって、人間はその能力を広げることが出来ると
なぜ信じられないのか。
我々は人の手で地球を汚すなと言っている。

ティターンズは地球に魂を引かれた人々の集まりで、
地球を食い潰そうとしているのだ。

人は長い間この地球という揺りかごの中で戯れてきた。
しかし、時はすでに人類を地球から巣立たせるときが来たのだ。

その期に至って、なぜ人類同士が戦い、

地球を汚染しなければならないのだ。

地球を自然の揺りかごの中に戻し、人間は宇宙で自立しなければ、

地球は水の惑星ではなくなるのだ。

このダカールさえ砂漠に飲み込まれようとしている。

それほどに地球は疲れ切っている。

今、誰もがこの美しい地球を
残したいと考えている。

ならば、自分の欲求を果たすためだけに

地球に寄生虫のようにへばりついていて良いわけがない。

現にティターンズは、このようなときに戦闘を仕掛けてくる。

見るがいい、
この暴虐な行為を。

彼らはかつての地球連邦軍から膨れあがり、

逆らう者の全てを悪と称しているが、

それこそ悪であり、
人類を衰退させていると言い切れる。

テレビをご覧の方々はおわかりになるはずだ。

これがティターンズのやり方なのです。

我々が議会を武力で制圧したのも悪いのです。

しかし、ティターンズはこの議会に自分たちの味方となる

議員がいるにもかかわらず、破壊しようとしている。

BACK GROUND

●誰の演説か?:

クワトロ・バジーナ（反地球連邦組織エゥーゴの指導者）※正体はシャア・アズナブル。一年戦争後は小惑星基地に潜伏していたが、地球圏に帰還。地球連邦軍の軍籍を得ると、エゥーゴに参加し、組織の中核のひとりとして活動していた。しかし、組織の指導者であるブレックス・フォーラの暗殺に伴い、エゥーゴの指導者となる。ブレックスをはじめ、彼がシャアであることを知っていた人もいた。

●年　代:

U.C.0087年11月16日

●状　況:

「デラーズ紛争」の終結後、地球連邦軍の内部に特殊部隊〈ティターンズ〉が設立される。ティターンズは、表向きはジオン残党の掃討を主任務とする組織だったが、実際はスペースノイドへの弾圧を行っていた。しかし、報道管制などによってその実態が明らかになることはなかった。対抗組織であるエゥーゴも「反連邦組織」という情報操作によって窮地に追い込まれていた。

そうしたなか、エゥーゴはアフリカのダカールで行われていた連邦議会にクワトロを送り込む。議会に乱入したクワトロは、地球圏全域に向け自らがシャアであること、そしてティターンズの実態を暴露。さらにティターンズのMS部隊が被害も顧みず市街地で戦闘を行う場面もリアルタイムで放送した。これによって世論は反ティターンズに傾き、さらにはエゥーゴの支持基盤を強固なものとした。この演説は、当時の戦乱——グリプス戦役のターニングポイントとなった。

●演説の場所、
誰に対しての演説か:

アフリカのダカールにある地球連邦議会。地球連邦議員ほか、地球圏の全市民に向けたもの。

●クワトロはこの演説中、自身が「シャア・アズナブル」であること、宇宙世紀最大の思想家である「ジオン・ズム・ダイクン」の息子であることを明らかにしている。双方ともにインパクトのある告白だったが、特に後者の影響は大きかった。

解説

相手の非道をストレートに訴えろ！

　エゥーゴの中心人物であるクワトロ・バジーナがシャア・アズナブルとして語ったこの演説は、この本で取り上げられている他のものとは少し毛色が違う。戦意高揚のためではなく、地球という星を守るという大義のもと、その環境を汚すティターンズの非道を訴えることが目的だからだ。この演説が全世界に放送されたことで、地球連邦議会議員だけでなく地球の一般市民にもティターンズに対する不信感を生みだすことに成功した。その結果、ティターンズは民衆の支持を失って凋落の道をたどることになる。

　ひとりの演説が、地球上の世論を大きく変える力を持つことが実社会でもある。最近でいうと、2019年9月23日、スウェーデン人の16歳の少女グレタ・トゥーンベリが国連気候行動サミットで実施した演説は大きな波紋を呼んだ。

　トゥーンベリは、約60カ国の代表者を前に「人類が苦しんで死にかけ生態系が壊れようとしているときに、どうしてお金やおとぎ話のような永遠の経済成長を語ることができるの？」と問いかけた。彼女の演説は大きな反響を呼び、ノーベル平和賞候補にもなった。

　よく言ったという賛同の意見とともに、現実を知れという反発の意見も多かったが、大人たちがどんなに討議しても一向に進まない環境問題解決に、この演説が一石を投げかけたのは事実である。

コラム

結果次第で評価が大きく変わる（チャーチルとゲッペルス）

この本にとりあげられているガンダムの演説は、自軍が圧倒的に不利な状況で、指導者が味方の士気を高めるために実施されたものがいくつかある。不利な状況下でどんな言葉を語るかによって、指導者の器が試されると言えるだろう。

ここでは、現実社会の歴史上、自軍が圧倒的に不利な状況下で実施された2つの演説を紹介しよう。どちらの演説も国民の士気を高めることには成功したが、後世における評価は180度違うものになっている。

一つ目は、イギリス首相チャーチルが、1940年6月18日に下院で行った、いわゆる「最良の時（finest hour）演説」だ。p29で取り上げた演説からわずか1ヵ月あまり。その間、フランスは降伏し、ナチスドイツと戦う国はイギリスだけになっていた。いつドイツ軍がイギリスに上陸してくるかわからない状況の中、チャーチルは国民を鼓舞しなければならなかった。彼は、現状を正直に語った上で、演説を以下のように締めくくった。

「もし（ヒトラーの撃退に）失敗すれば、アメリカ合衆国を含む全世界は、我々が知り大切にしてきたものすべてが、悪用された科学の光によって、おそらく長期化するであろう新しい暗黒時代の深みに沈むだろう。それ故、我々は自身を奮い立たせて、みずからの務めをはたそう。もしわが大英帝国とその連邦が千年続いたとしたら、その時代の人たちに『あれこそが、彼らにとって最良の時間だった』と語り継がれるように」

この演説によって、イギリス国民は勇気と希望を得ることができた。しかし、これも最終的にイギリスが戦勝国になったからこそ称賛される訳で、そのまま負けてしまっていたら無謀な演説だったと言われた可能性もあったのだ。

二つ目の演説は、1943年2月18日にドイツの国民啓蒙・宣伝大臣であるゲッペルスが大聴衆を前に行ったもの。この頃、戦況はドイツに不利になっていて、ヒトラーは人前でほとんど演説しなくなり、代わりにゲッペルスが行うようになっていた。彼は、何度も総力戦をもって勝利まで戦い続ける意志があるか聴衆に問いかけ、熱狂的な「ヤー（その通り）！」を引き出したのだ。そして最後にこう締めくくる。

「これより先、我々のスローガンはこうだ。『国民よ立ち上がれ。そして嵐を起こせ！』」

その結果、ドイツは総力戦で戦争を続けることになった。

しかし2年後、ドイツは連合軍の攻撃により焦土と化し、ゲッペルスはベルリンの防空壕の中で、5人の娘と1人の息子を殺害した上、妻とともに自殺した。無謀な演説だったと言わざるを得ないだろう。

『機動戦士ガンダムZZ』の演説

MOBILE SUIT GUNDAM ZZ

『機動戦士Zガンダム』の直後の宇宙世紀を舞台に、ネオ・ジオンが引き起こした「ネオ・ジオン戦争」に巻き込まれながらも、運命に抗い戦う少年少女たちを描いた。当初はコミカルな演出だったが、中盤以降はシリアスな展開となるなど、ギャップの大きさが特徴ともいえる。また前作のキャラクターやモビルスーツも登場するほか、一部のキャラクターやメカニックが『機動戦士ガンダムUC』に引き継がれるなど、設定的な繋がりが生かされている。

STORY
ストーリー紹介

グリプス戦役終結直後の宇宙世紀0088年。戦力を温存していたアクシズは、地球圏の制圧とジオンの再興に乗り出した。対抗するはずのエゥーゴは戦役で戦力を大きく減じており、ティターンズにいたっては壊滅状態であった。

艦の修理のため、サイド1のコロニー〈シャングリラ〉に寄港したアーガマだったが、同じくコロニーに侵攻したアクシズの標的となる。一方、コロニーに住む少年ジュドー・アーシタは、アーガマからモビルスーツを盗みだそうとしたことがきっかけで、エゥーゴに参加することとなる。「ネオ・ジオン」を名乗ったアクシズは、地球侵攻を実施、コロニーを地球に落下させるなどして、地球連邦政府からスペースコロニーの譲渡に成功する。しかし、ネオ・ジオンにおいて内乱が勃発、戦局は混乱状態のまま終盤へと向かうのだった。

ハマーン・カーン *HAMAN KARN*

アクシズ（ネオ・ジオン）の摂政。ミネバ・ラオ・ザビの後見人だが、実質的には組織の指導者であった。グリプス戦役後、地球圏の制覇とザビ家の再興を目的として活動を開始するが、その真意は姉の復讐であったとされ、彼女自身「ジオンの血を利用しているだけ」と口にしたこともある。若年ながら高い政治力と指導力を有しており、組織の中には彼女に心酔するものも多かった。また、パイロットとしても高い技量の持ち主で、専用機を駆って前線で戦うこともあった。

演説：11 ハマーン・カーン

地球降下前の演説

機動戦士ガンダムZZ　22話

栄光ある ネオ・ジオンの兵士たちよ！

かつて我々を暗黒の世界に押し遣った者どもは、今我々の足元にいる…
愚かなる人間たちに思い知らせる時が来たのだ。

今や地球圏は、我々ネオ・ジオンの物だと！

機は熟した…

共に戦おう、ネオ・ジオンのために！ ネオ・ジオンの栄光のために！！

BACK GROUND

●誰の演説か？：

ハマーン・カーン
（アクシズ摂政）

●年代：

U.C.0088 年 8 月 1 日

●状況：

ハマーン自らが艦隊を率い、地球降下を行う直前に行った。演説そのものは短く、その内容もネオ・ジオンの正当性を強調しただけのものとなっている。ホログラムを用いているが、これは全部隊に自身の姿を見せることで兵士を鼓舞し、士気の高揚を図ることを目的としたものと思われる。ギレン・ザビや（シャアの反乱時の）シャア・アズナブルも、作戦の実施に当たってこのような演説を行い、正当性の主張や士気高揚を狙っている。

『機動戦士ガンダム 逆襲のシャア』の演説

MOBILE SUIT GUNDAM CHAR'S COUNTER ATTACK

『機動戦士ガンダム 逆襲のシャア』は、前作『機動戦士ガンダムZZ』の4年後を舞台に、『機動戦士Zガンダム』のラストで行方不明になっていたシャア・アズナブルが新たに行動を起こす物語として描かれた。『Zガンダム』で地球連邦軍に籍を置いて戦ったが、地球連邦政府は変化することなく、地球から宇宙移民を統制し続けていることから、ネオ・ジオンを率いて地球連邦政府に対して宣戦を布告する。シャアは、宇宙移民者の人類としての革新を語った父、ジオン・ズム・ダイクンの遺志を継いだと明言し、ネオ・ジオンの総帥として兵を鼓舞するような演説を行うシーンが登場。アムロとシャアの最終決戦を描く物語でありながら、シャア自身が語る宇宙移民者の思想はガンダムシリーズの根底にある要素を凝縮しているようで興味深い。

STORY
ストーリー紹介

宇宙世紀0093年。ネオ・ジオン軍を率いるシャア・アズナブルが地球連邦政府に宣戦を布告。小惑星フィフス・ルナを地球に落下させる作戦を展開する。アムロ・レイが所属する地球連邦軍の外郭機動部隊のロンド・ベルが対処に向かうが、フィフス・ルナは地球連邦政府のあるチベットのラサに落下する。その後、ネオ・ジオンは地球連邦政府の高官と停戦協定を前提とした裏取引を行い、小惑星アクシズを入手。これを地球に落下させて地球を寒冷化させる作戦を展開する。ロンド・ベルはこの作戦を阻止するべく行動を開始。アムロは、自身が開発に関わったνガンダムを駆って戦場へと向かう。この戦いでアムロと万全な状態での完全なる決着を望むシャアもサザビーでアクシズを守るべく出撃。ついにアムロとシャアの最終決戦が始まるのだった。

シャア・アズナブル　*CHAR AZNABLE*

ネオ・ジオン総帥。グリプス戦役で消息不明になるも、スペースノイドの弾圧を続ける地球連邦政府をはじめとした人類を粛正することを決意。潜伏しながら軍備を整え、ジオン・ズム・ダイクンの遺児であることと、ジオン公国のエースパイロットであるという名声を利用して再起。地球を人の住めない惑星にして休眠させる「地球寒冷化作戦」を画策する。しかし、その目的は最大のライバルであるアムロとの決着をつけることにあった。

演説:12 シャア・アズナブル

自軍への出撃前の演説

機動戦士ガンダム 逆襲のシャア

このコロニー、スウィート・ウォーターは
密閉型とオープン型をつなぎ合わせて建造された、
極めて不安定なものである。
それも過去の宇宙戦争で生まれた難民のために
急遽建造されたものだからだ。
しかも、地球連邦政府が難民に対して行った施策はここまでで
入れ物さえ造れば良しとして彼らは地球に引きこもり、
我々に地球を開放する事はしなかったのである。

私の父、ジオン・ダイクンが宇宙移民者
すなわちスペースノイドの自治権を
地球に要求したとき
父、ジオンはザビ家に暗殺された。

シャア・
アズナブル

そして、そのザビ家一党はジオン公国を騙り、
地球に独立戦争を仕掛けたのである。
その結果は、諸君らが知っている通りザビ家の敗北に終わった。

それはいい。

しかしその結果、地球連邦政府は増長し、連邦軍の内部は腐敗し、
ティターンズのような反地球連邦政府運動を生み、
ザビ家の残党を騙るハマーンの跳梁ともなった。
これが難民を生んだ歴史である。

ここに至って私は、
人類が今後絶対に戦争を繰り返さないように
すべきだと確信したのである。

それがアクシズを地球に落とす作戦の真の目的である。

これによって地球圏の戦争の源である、
地球に居続ける人々を粛正する。

諸君、自らの道を拓くため、難民のための政治を手に入れるために、
あと一息、諸君らの力を私に貸していただきたい。

そして私は、
父ジオンのもとに
召されるであろう。

演説:12

BACKGROUND

●誰の演説か?:

シャア・アズナブル（ネオ・ジオンの指導者）

※グリプス戦役時に行方不明となっていたが、潜伏し、反連邦組織を糾合するなど組織力を強化し、歴史の表舞台に返り咲いた。シャア・アズナブル、そしてジオン・ズム・ダイクンの遺児という彼の出自は、スペースノイドにとって絶対的なカリスマとして受け入れられた。

●年　代:

U.C.0093 年 3 月 7 日

●状　況:

ネオ・ジオン艦隊出港前
U.C.0093 年、ネオ・ジ

オンの指導者となっていたシャアは、地球に隕石を落とす「地球寒冷化作戦」を立案、実施した。この直前にシャアは地球連邦政府／軍の高官と密談を行っている。その中でいくつかの取り決め——ネオ・ジオン艦隊の武装解除、小惑星アクシズの買い取り——を成立させた。これは「地球寒冷化作戦」遂行のための準備であった。連邦を欺いた彼は、拠点であるスペースコロニー〈スウィート・ウォーター〉に帰還すると、出撃準備を整えた将兵の前で

演説を行った。

演説の中で彼は宇宙移民や難民を生んだ歴史や制度、為政者の失策などを挙げ、スペースノイドの自治権を獲得し、地球環境の改善を将兵に訴えた。

●演説の場所、
誰に対しての演説か:

スペースコロニー〈スウィート・ウォーター〉、ネオ・ジオン将兵、関係者。

人類が戦争を繰り返さないために戦争を！

　シャアのこの演説の目的は、地球連邦に対する宣戦布告の大義を語るものだ。そのために彼はまず〈スウィート・ウォーター〉の歴史から語り始める。続いて自分の父の話をすることで、血統としての自分の正当性と、それがザビ家の横暴によってなきものにされたことを語る。

　そして話題をいきなり「それはいい」とぶちきり、自分が企てる地球を滅ぼす作戦の正当性を主張する。その大義は「人類が絶対に戦争を繰り返さないため」だ。「地球圏の戦争の源」である地球にい続ける人類を粛清すれば、根本が絶たれてもう戦争は起こらないという論理である。その上で、自らの命と引き換えに、「力を貸してほしい」と訴えたシャアは、見事に兵士たちの心を掴むことに成功した。

　このような主張は、現実の世界で政治家が戦争を始める時にもよく使われるレトリックだ。民主主義国家においては、議会での承認や国民の支持なくては戦争はできない。そうなると「この戦争は、戦争を繰り返さないための戦争である」というようなロジックをたてることが、国民の支持を得るために有効になるからだ。

　第一世界大戦で、当初アメリカは中立を保っていた。ウィルソン大統領は、絶対に参戦しないという公約のもとに再選を果たした。しかし、大戦が長期化する中で、「これは最後の戦争になる。戦争を終わらせるために戦争に参加する」と演説し、ドイツに宣戦布告した。

『機動戦士ガンダム UC』の演説

MOBILE SUIT GUNDAM UC

『シャアの反乱』から3年、宇宙世紀最大の謎とされる『ラプラスの箱』の正体と、それを巡る戦いを描く。宇宙世紀を舞台とする最新作のひとつで、福井晴敏氏の小説をベースに、OVAで展開。その後、OVAを再編集したテレビ版（タイトルは『機動戦士ガンダム UC RE:0096』）が放映され、2018年には作中の翌年の出来事描いた『機動

戦士ガンダム NT』が公開された。コミックなどでも外伝が多数制作されるなど、幅広いメディアでの展開がなされた点も特徴である。

STORY

ストーリー紹介

　宇宙世紀0096年、開封されると連邦体制を覆すといわれる『ラプラスの箱』。それを所有するビスト財団はネオ・ジオン残党軍『袖付き』に『箱』を譲渡しようとしていた。

　工業コロニー〈インダストリアル7〉に住むバナージ・リンクスは、ひとりの少女と出会う。オードリー・バーンを名乗る彼女の正体は、ジオンの遺児であるミネバ・ラオ・ザビで、『箱』の譲渡を阻止するためコロニーに潜入していたのだった。一方、取引を察知していた地球連邦

政府は、軍事介入を実施。戦闘に巻き込まれたバナージは、幼少期に別れた父カーディアスから『箱』の「鍵」となるユニコーンガンダムを託される。こうしてユニコーンガンダムのパイロットとなったバナージは、『箱』の所在を示す座標をたどり、宇宙と地球を巡ることとなる。

リカルド・マーセナス *RICARDO MARCENAS*

　地球連邦政府の初代首相。首相官邸〈ラプラス〉において行われた改暦セレモニーにおいて演説を行うが、その際のテロにより命を落とした。政治思想はリベラルで、それが暗殺を招く一因になったといわれる。真の宇宙世紀憲章──『ラプラスの箱』にも彼のサインが記されている。また、宇宙世紀0096年の地球連邦政府中央議会議員であるローナン・マーセナスとロンド・ベル隊所属の少尉リディ・マーセナスは彼の子孫にあたる。

オットー・ミタス *OTTO MITAS*

　地球連邦軍の新興外郭部隊ロンド・ベル隊の大佐で、強襲揚陸艦《ネェル・アーガマ》の艦長。軍上層部から『ラプラスの箱』の譲渡阻止を命じられたことで、『箱』を巡る争乱にかかわる。当初は優柔不断で、かつ上層部や艦の状況に不満を募らせていたが、戦いを通じて艦長としての能力を身に着けていった。それは、争乱の最終局面直前に行った演説からも見受けられる。

フル・フロンタル *FULL FRONTAL*

　ジオン残党軍『袖付き』の首魁。常に仮面を身に着けており、その風貌や赤いMS──シナンジュを駆っていたことから「シャアの再来」と呼ばれる。高いカリスマ性の持ち主で、親衛隊のアンジェロ・ザウパーなど、彼に心酔する兵士も多い。『ラプラスの箱』を得ることで、ジオン共和国の自治権放棄を延期させコロニーと地球のパワーバランスを変える、「サイド共栄圏構想」を抱いていた。

ミネバ・ラオ・ザビ *MINEVA LAO ZABI*

　かつてのジオン公国の指導者層であったザビ家の遺児で、『袖付き』に身を寄せていた。ビスト財団が『袖付き』に『箱』を譲渡することを知り、それを阻止するために〈インダストリアル7〉に潜入し、バナージと出会う。自身の在りようを見失ったこともあったが、ある人物との会話でそれを取り戻し、以降は毅然とした振る舞いを見せる。争乱の最終局面においては、〈インダストリアル7〉で『ラプラスの箱』の正体を知り、その真実を地球圏に公表する演説を行った。

演説:13 リカルド・マーセナス

宇宙世紀改暦セレモニーでの演説

機動戦士ガンダムUC　第1話

**地球と宇宙に住むすべての皆さん、こんにちは。
私は地球連邦政府首相リカルド・マーセナスです。**

まもなく西暦が終わり(※1)
——首相と大統領が語りかけるのは、
自国の国民と決まっていました。
国家とは、国民と領土の統治機構であり、究極的には
自国の安全保障のためにのみ存在するものでした。
いま、人類の宿願であった統一政権を現実のものとした我々は、
旧来の定義における国家の過ちを指摘することができます。
人間がひとりでは生きていけないように、
国家もそれ単独では機能し得ないことを知っています。
地球の危機という課題に対して、
旧来の国家は何ら有効な解決策を示せませんでした。
いまや、後戻りの許されない、これらの問題を解決するには、
我々……(※2)。

※1：映像の切り替えで演説は中断。
※2：爆発が起こり、演説が終了。

演説:13

BACK GROUND

●誰の演説か?:

リカルド・マーセナス（初代地球連邦大統領）※マーセナス家は以降も連邦の議員など輩出している（いわゆる）「名家」。後述する『ラプラスの箱』に関する詳細も把握している。

●年代:

U.C.0001 年 1 月 1 日

●状況:

宇宙世紀改暦セレモニーにおける演説。

低周回軌道に建造されたコロニー・首相官邸〈ラプラス〉において、西暦から宇宙世紀（U.C.）への改暦を行うセレモニーが実施された。演説の中でリカルド・マーセナスは、地球連邦の存在意義と改暦の必要性を説明。しかし、演説の途中でテログループによる破壊工作によって、コロニーは爆破され、リカルドを含むセレモニーの参加者は全滅する。この事件によって失われた『宇宙世紀憲章』が、後の戦乱の遠因となる。

●演説の場所、誰に対しての演説か:

首相官邸〈ラプラス〉、地球圏の全住民。

●演説の影響:

なお、この演説では「宇宙世紀憲章」が発表される予定だった。これは、全 7 章からなるもので、宇宙都市開発や移民政策などの理念が記されていた。最後の 7 章には「宇宙に適応した人類が発生した場合は、優先的に政府運営に参画させる」という条文が書かれていた。この憲章は爆破の際に失われたとされ、7 章を消したものが公表された。しかし、「真の宇宙世紀憲章」（『ラプラスの箱』と呼ばれるようになった）は、テログループのひとりが偶然から入手。彼は『箱』の存在によって連邦政府から便宜を引き出した。連邦政府も『箱』の内容が体制を揺るがしかねないこともあり、彼との共生関係を続けることとなる。

古い価値観を覆す明るいビジョンを示せ！

この演説は、初代地球連邦大統領のリカルド・マーセナスによって、西暦の最後の1月1日、宇宙世紀への改暦を記念したセレモニーで行われた。場所は地球の低軌道上に位置するコロニー官邸〈ラプラス〉だ。そこで、マーセナスは、今までの古い価値観を覆し、新しく明るいビジョンを示そうとしたのだ。新しくリーダーになった（なろうとする）人間が人心掌握するためには、このようにまず明るいビジョンを示すことが何よりも重要だ。しかしその試みは、残念ながらテロによる〈ラプラス〉の爆発で途絶えてしまう。

1960年アメリカ合衆国大統領選挙に立候補したJ・F・ケネディは、当初不利とみられていた予備選に勝利し、同年7月、民主党の大統領候補に選出された。その指名受諾演説でケネディは初めて「ニューフロンティア」という新しいスローガンを掲げる。アメリカにおけるフロンティア（未開拓地）は1890年には消滅したと言われていた。しかしケネディは、アメリカが直面している課題を「ニューフロンティア」としてとらえることで解決していけるとし、国民に「私はあなた方一人ひとりに、このニューフロンティアの新しい開拓者となってくれるように求めたい」と呼びかけた。

このように古い価値観を覆し、新しく明るいビジョンを示したケネディは、44歳の若さでアメリカ大統領に当選する。しかしながら、彼も任期半ばの1963年11月22日、テキサス州ダラスで暗殺されてしまう。

演説:14 フル・フロンタル

「サイド共栄圏構想」に関する演説

機動戦士ガンダムUC　第6話

私たちスペースノイドが欲しているのは、
まず自治権の確立です。
連邦は決してこれを認めません。
認めた瞬間に、主従が逆転してしまうことを
知っているからです。
理由は明白です。現在の地球圏の生活はエネルギーも食料も、
経済活動そのものも、7つのサイドと月があるからこそ
回っている。

地球という惑星単体では、もはや20億のアースノイドの口も賄えないのが実情です。

フル・
フロンタル

対してスペースノイドは、
地球を切り離しても十分に自活することができる。

**ジオン・ダイクンは、
この事実こそ武器にするべきでした。**

しかし彼は優れた思想家ではあっても政治家ではなかった。
ジオンの理念をねじ曲げ、独立戦争に利用したザビ家にしても、
2度にわたるネオ・ジオン戦争にしても同様です。

**自分たちの存在を認めさせるという発想を捨てない限り、
連邦との戦いに勝利はない。**

月と7つのサイドの連携を強化し、
中央を間引きした経済圏を確立する。
すなわち、サイド共栄圏の建設。

各サイドが経済協定を結び、地球を排斥すれば、
地球は経済的に何の価値もない田舎になり果てる。
連邦政府も立ち行かなくなるでしょう。

そのまとめ役たり得るのは、
唯一、ジオン共和国だけです。

連邦の傀儡とはいえ、
あそこには曲がりなりにも認められた自治権がある。
問題は、その自治権返還期限が4年後に迫っているということです。
共和国が元のサイド3に戻り、
地方自治体以上の活動は許されぬとなったら、
サイド共栄圏へ至る流れも生まれなくなる。

演説:**14**

BACK GROUND

●**誰の演説か?:**
フル・フロンタル(ネオ・ジオン残党軍『袖付き』首魁)。

●**年 代:**
U.C.0096 年

●**状 況:**
「サイド共栄圏構想」に関する演説。
ネェル・アーガマに乗艦したフル・フロンタルは、その艦橋において、自身が考える「サイド共栄圏構想」について語る。それは、各サイド(複数のスペースコロニーが集まった単位で、地球の周囲と月の裏に計7つある)が地球を無視して経済圏を確立するというもの。ジオン・ズム・ダイクンのように思想によるものではなく、フロンタルは経済による自治独立を目指した。しかも、彼がそのまとめ役に想定したサイド3(かつてのジオン公国)・ジオン共和国は唯一、自治を認められたサイドであった。だが、サイド3も自治権返還を4年後に控えていたために、彼は『箱』を欲し、その力で連邦政府から自治を得ようとしたと考えられる。

●**演説の場所、
　誰に対しての演説か:**
地球連邦軍の軍艦〈ネェル・アーガマ〉の艦橋。ネェル・アーガマの乗組員、『袖付き』の将兵。

●**ミネバ・ラオ・ザビ:**
ザビ家の遺児。『袖付き』に身を寄せていたが、『箱』の譲渡に関して独自の行動をとる。フロンタルとをシャアとみなしていた(フロンタルは「赤い彗星(シャア)の再来」と呼ばれていた。実際は全くの別人)こともあり、「シャア・アズナブルはもう死んだな」と口にしている。「演説16」において『箱』の真実に関する演説を行う。

解説

「大義」を入れた名前をつけよ！

この演説では、フル・フロンタルによって「サイド共栄圏構想」が語られる。それは地球を除く地域たち（月と7つのサイド）だけで経済をまわす「ブロック経済」を樹立しようとする構想である。つまり地球と直接戦うのではなく、月やコロニー同士がこれまで以上に強く結束することで、地球連邦を弱体化させることが狙いだ。

もちろんその主導権を自分たちが握るという野望があるのだが、きちんと「大義」が入った名前をつけることによって議論の俎上にあがる可能性が高まる。また自国の戦意高揚には繋がるだろう。

「サイド共栄圏構想」というネーミングは、太平洋戦争時に日本が唱えた「大東亜共栄構想＝日本を盟主とする東アジアの広域ブロック化の構想」を連想する。それは欧米の植民地支配に代わってアジア地域で共存共栄の新秩序を樹立するという内容だ。実際には、植民地からの解放よりも日本の侵略政策を正当化しようとしたものとも言われているが、少なくとも国内においては戦争を始める「大義」にはなった。

どちらの「構想」もその是非はともかく、「大義」が入った「名前」をつけることはきわめて重要だ。ビジネスでのプロジェクトにも、大義を入れた「〇〇構想」「××作戦」などのオリジナル名前をつけてみてはどうだろう？これまでスルーされていたあなたのアイデアが注目され、みんなの口にのぼるようになるかもしれない。

演説:15 オットー・ミタス

作戦実施前の演説

機動戦士ガンダムUC　第6話

艦長より達する。
これより本艦は、〈インダストリアル7〉に向かい
『ラプラスの箱』を確保する作戦を実施する。
期せずして、当初の任務に戻った格好だが、

これは軍の命令によって行う作戦ではない。
生き延びるため。

フル・フロンタルの手に『箱』が渡るのを阻止するため。
本艦が独自で行う作戦である。

フル・フロンタルが示したサイド共栄圏構想と、
ミネバ殿下が言う可能性に揺らぐ未来。
どちらが正しいことなのかは、私にもわからない。
それを決めるのは我々ではなく、今を生きる若者たち。
これから生まれてくる、まだ見ぬ子供たちだろう。
彼らに判断を委ねるためにも、我々は生きて帰らねばならない。
持ち帰った『箱』と共に、真実を世界に問わねばならない。

軍人として、ひとりの大人として。
諸君の健闘に期待する！

演説：**15**

BACK GROUND

●誰の演説か?:

オットー・ミタス（地球連邦軍大佐・ネェル・アーガマ艦長）

●年代:

U.C.0096 年

●状況:

〈インダストリアル 7〉に向かう艦内。『ラプラスの箱』の所在が判明したが、それは敵勢力である『袖付き』も把握していた。オットー艦長らのもとの任務は『ラプラスの箱』の確保だったが、情勢の変化により彼らは自軍からも追われる立場となっていた。ま

た、同じく『箱』を狙う『袖付き』に先行された状態でもあった。

置かれた状況は極めて厳しかったが、艦長はこれから先を生きる若者たちに「未来」を託すため、『箱』の確保を決意。それを乗組員に伝える。

●演説の場所、

誰に対しての演説か:

地球連邦軍の軍艦〈ネェル・アーガマ〉の艦橋。乗組員に対して。

●演説の影響:

艦長の演説時には、〈インダストリアル 7〉に向かう艦内において作戦

に対する準備が進められていた。この直前の『袖付き』による艦の占拠に近い状況からの解放とその反発によって、艦内の士気は高まっていた。オットー艦長のこの演説は一連の締めくくりであると同時に、最終決戦に挑む《ネェル・アーガマ》乗員を引き締める意味があった。また、これまでは優柔不断な態度が目立った艦長も、この演説時には指揮官としての能力を身に着けており、この言葉からもそれをうかがうことができる。

解説

自分の判断だと言い切り本気度をしめせ！

　この演説を実施したオットー・ミタスは、地球連邦軍ロンド・ベル隊所属のネェル・アーガマの艦長で大佐。以前は、連邦軍上層部と部下の板挟みにあい頼りない艦長だった。そんな彼が『ラプラスの箱』を巡る策謀に巻き込まれることで成長し、ここでは一世一代の名演説をみせる。

　まず「これは軍の命令によって行う作戦ではない。生き延びるため。フル・フロンタルの手に『箱』が渡るのを阻止するため。本艦が独自に行う作戦である」というフレーズで、乗務員たちの心をつかむ。艦長である自分の判断であることを明らかにすることで本気度がわかるからだ。

　あなたが中間管理職だとしたら、このテクニックはビジネスシーンでも使えるだろう。

「これは会社の指示で行うものではない。ライバル会社にうち勝って生き残るためにうちの部が独自で行うプロジェクトだ」という風にスピーチすれば、若手社員は上司であるあなたが本気であると感じるはずだ。

　続けてミタスは、「フル・フロンタルが示したサイド共栄圏構想と、ミネバ殿下が言う可能性に揺らぐ未来。どちらが正しい事なのかは、私にもわからない」とあえて判断を留保する。以前のような優柔不断さを見せたかと思った直後、そこから「それを決めるのは我々ではなく、今を生きる若者たち。これから生まれてくる、まだ見ぬ子供たちだろう」というロジックで切り返す部分は感動的だ。

演説16 ミネバ・ラオ・ザビ

『ラプラスの箱』を前にした演説

機動戦士ガンダムUC　第7話

地球と……宇宙……
この世界に住まう、すべての人たちへ……

私は、ミネバ・ラオ・ザビです。
このような形で、皆さんに語りかける無礼をどうぞお許し下さい。

私はかつて、ジオン公国を先導したザビ家の血を継ぐものです。

しかし、これから私がお話しすることは、
私の出自とはなんら関係がありません。

**今日、私は、連邦政府の根幹に関わる
ある秘密を知りました。**

この世界に住むひとりの人間として、
私はその秘密を皆さんにお伝えしようと思います。
宇宙世紀の開闢とともに発布された、宇宙世紀憲章。
連邦政府の礎であり、
政策決定の要石たる石碑のことは、
皆さんもご存知でありましょう。
96年前、首相官邸〈ラプラス〉の中で造られたそれは、
直後に起こった爆破テロによって失われたと
信じられてきました。

ミネバ・
ラオ・ザビ

しかし、
それは失われてはいなかったのです。

レプリカの石碑がダカールの議事堂に飾られる一方で、
オリジナルの石碑は永いあいだ隠されてきました。

ご覧いただきたい。
いま私の後ろに映し出されているのが、
〈ラプラス〉で造られた本物の宇宙世紀憲章なのです。

おわかりのことと思います。本物の宇宙世紀憲章には、
私たちが知らない一章が付け加えられていました。

"将来、宇宙に適応した新人類の発生が認められた場合、その者たちを優先的に政府運営に参画させることとする"

『未来』と題されたチャプターには、
そのような条文が記されていたのです。

無論、これはニュータイプを指して言ったことではありません。

宇宙に進出した人類は、その認識力を拡大させ、誤解なく他者と分かり合えるようになる……

ジオン・ダイクンがニュータイプ論を提唱するのは、
この憲章が作られてから40年以上も経ってのことです。

『ラプラス事件』とともに葬られたこの一節は、
遠い未来に手向けられた祈りでしかなかったはずなのです。

でも、その偶然の一致が、この憲章を呪いに変えてしまいました。

この一節が、ジオンのニュータイプ論と結び付けられ、
スペースノイドの独立運動を刺激したらどうなるか。

最初は、『ラプラス事件』の真相を語るものでしかなかった石碑は、

その時から、連邦政府を覆しかねない恐怖の的になったのです。

連邦はその存在を恐れ、石碑を手にしたビスト財団と共謀のもと、

これを『ラプラスの箱』と呼んで封印してきました。

それは、悪しき行為であったかも知れませんが、

平和を維持するためにはやむない決断でもありました。

しかし、それが制度として受け継がれていった結果、

『箱』が持つ本来の意味は失われ、

ニュータイプ的なものを忌避する心性だけが根付いていったのです。

一年戦争という悪夢を経て、

その心性は連邦政府の硬直性そのものになりました。

あと数年のうちに、
ジオンの名を持つ国家は消滅し、
ニュータイプ神話も
歴史の闇に埋もれてゆくでしょう。

それは、よいのです。

この事実の公表をもって連邦を糾弾し、

ジオン再興に結び付ける意思は毛頭ありません。

もしそのようなことを考える者が現れれば、

ミネバ・ザビの名において粛清する、と宣言しておきます。

そのようなことではないのです。

『ラプラスの箱』とは、
人の善意を収めた箱でした。

百年前、私たちスペースノイドは、

善意とともに宇宙に送り出されたのです。

良心を慰めるための欺瞞でも、

結果に責任を持てない祈りであったとしても、

そうせざるを得なかった人たちの心に思いを馳せてみてください。

少ない選択肢の中から最善と思われるものを選び取り、

後世に一縷の願いを託す。

事の大小の違いはあれ、私たちも日々彼らと同じ葛藤を

繰り返しています。

『箱』を遺したのも、封印したのも、解放したのも、みんな人が為したこと。

すべて私たちひとりひとりの罪であり、打算であり、

破滅にも希望にも転じる可能性なのです

よりよく在りたい、理不尽を避けたいとする人の想いが、

この世界を少しずつでも前進させてきました。

そうして発達した文明を地球が支えきれなくなったとき、

私たちの父祖は増えすぎた人間を宇宙に送り出した。

棄民の誇りを免れぬ行いではありましたが、

その根本は人と地球を生かしたいとする**善意**なのです。

将来、宇宙に適応した新人類の発生が認められた場合、

その者たちを優先的に政府運営に参画させることとする。

西暦最後の夜、宇宙世紀憲章の末尾に付け加えられたこの一節も、

また限りない**善意**によって紡がれたものだと言えましょう。

すべては**善意**から始まりました。

これを**善意**に帰結させられるか否かは、私たちの心持ちひとつです。

私たちが変われば、世界も変わります。

ニュータイプにならずとも、私たちはひとりひとりが感じる心を持ち、

環境に応じて変化できる力を持ち合わせているのです。

人間の業を否定して、ニュータイプの地平に救いを求めても

なにも始まりません。

不便でも、もどかしくても、血の中から紡ぎだされた**善意**を

繋げてゆくしかない。

必要なものは、すべてこの体の中に備わっているはずなのですから

かつて、リカルド・マーセナスは言いました。

他人の書いた筋書きに惑わされることなく、

内なる神の目でこれから始まる未来を見据えよ、と。

あれから百年近い時を経て、私たちは再びスタート地点に立っています。

私の言葉は、私のものでしかありません。

この放送をお聴きの皆さん、どうかご自分の目で

真実を見極めてください。

そして、百年前の人たちがそうしたように、

善意をもって次の百年に想いを馳せていただきたいのです。

私たちの中に眠る、
可能性という名の神を信じて……

BACK GROUND

●誰の演説か?:
　ミネバ・ラオ・ザビ

●年　代:
　U.C.0096 年

●状　況:
　〈メガラニカ〉において、『ラプラスの箱』が発見され、その内容が明らかとなる。『ラプラスの箱』を発見したミネバは、真の宇宙世紀憲章にのみ書かれた条文を読み上げる。その内容は、確かにこれまでの連邦体制を揺るがすものであるばかりか、新たな戦乱の火種となるものであった。しかし、彼女は『箱』が持つ本来の意味を語り、それが人の持つ「善意」、そして「可能性」であるとした。そして、過去から続く『箱』の呪縛を解き、前進することの意味を説く。

●演説の場所、
　誰に対しての演説か:
　『ラプラスの箱』が置かれた「氷室」において、全地球圏の住民に対して。

解説

キーワードをひたすら繰り返せ！

　ミネバ・ラオ・ザビのこの演説は、ラプラスの箱の真実を公表することで、人類が持つ可能性を説くものだ。キーワードは「善意」。「『ラプラスの箱』とは人の善意を収めた箱でした」という結論から始まり、後半、「善意」という言葉が何度も繰り返される。このように、ひとつのスピーチの中で同じキーワードをいろいろな視点から繰り返し語ることは、人の心を大きく揺さぶる可能性がある。

　2004年7月27日、アメリカ民主党大会で、無名の地方議員が「キーワードを繰り返した」ことで大きな注目を集めた。その4年後にアメリカ合衆国44代大統領になるバラク・オバマ。彼は「大いなる希望（The audacity of hope）」というタイトルで、ジョン・ケリー候補の応援演説をした。そのたった20分の演説で彼はそこにいた7万人以上の聴衆を魅了したのだ、メディアは絶賛し、一夜にして「ライジングスター（新星）」として全国にその名が知られるようになった。

　演説の冒頭でオバマは、政治家としては致命傷になるかもしれない出自を語る。父はケニアの小さな村出身の留学生。そのような自分がこのような場所に立っているのは、個人の希望や可能性を妨げないアメリカという国のお蔭であること。そして後半は「保守もリベラルもなく、アメリカはひとつにまとまるべきだ」という主張を、「希望」というキーワードとともに繰り返す。主役のケリー候補を立てながら、自分自身のアピールにも成功した。

　2007年、大統領選挙に立候補したオバマは、「Yes we can！（私たちにはできる）」というキーワードを何度も繰り返し、勝利を得ることになる。

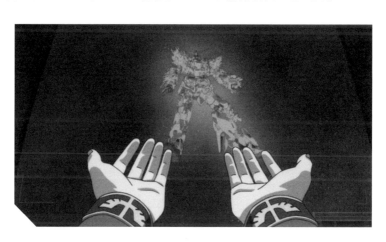

戦時にリーダーが必ず語るプロパガンダとは?

ガンダムに登場する演説は、そのほとんどが戦時のものだ。人間は平時にはある程度冷静でいられても、戦時になると感情が優先され間違った判断をしてしまう。これは現実世界でも同じだ。実際に戦争が起こった時には、普段であれば冷静に物事を判断できる人でさえも、感情的になって戦争を支持してしまうことが多い。

『戦争プロパガンダ 10 の法則』アンヌ・モレリ著 永田千奈訳 (草思社) では、為政者が戦争を始める前に必ず語る言葉を 10 の法則にまとめている。

戦争プロパガンダ 10 の法則

❶「われわれは戦争をしたくない」

❷「しかし敵側が一方的に戦争を望んだ」

❸「敵の指導者は悪魔のような人間だ」

❹「われわれは領土や覇権のためではなく、偉大な使命の為に戦う」

❺「われわれも誤って犠牲を出すことがある。だが敵はわざと残虐行為におよんでいる」

❻「敵は卑劣な兵器や戦略を用いている」

❼「われわれの受けた被害は小さく、敵に与えた被害は甚大」

❽「芸術家や知識人も正義の戦いを支持している」

❾「われわれの大義は神聖なものである」

❿「この正義に疑問を投げかける者は裏切り者である」

たとえば❶❷❸❹❾の法則を使って、架空の宣戦布告の演説を組立ててみよう。

「我々は本当は戦争をしたくなかった。だから何度も何度も和平を模索した。しかし敵の卑劣な奇襲攻撃によって我慢の限界を超えた。よって我々は自分たちの国の名誉のためにやむにやまれず立ち上がる。敵の指導者は、世界征服を企てる悪魔のような人間だ。彼をなきものにしない限り、本当の意味での世界に平和は訪れない。我々が立ち上がるのは、領土や覇権のためではない。よりよい世界を築くことが目的である。神はきっと我々の味方をしてくれるだろう」

いかがだろう? それらしい大義のある演説になるのがわかる。あとは、「われわれの受けた被害は小さく、敵に与えた被害は甚大」であることを繰り返し❼、敵軍の残虐行為はこれでもかと宣伝し❺、自軍が持っていない武器を敵軍が持っていると卑劣だと罵り❻、芸術家に戦争賛美の作品を作らせ、知識人には戦争の大義を語らせ❽、この戦争に疑問を投げかける者は非国民と罰を与える❿。このようにすれば、国民は感情に流され戦争を支持するようになるというからくりだ。

ガンダムの演説も、そのほとんどに戦争プロパガンダ法則が使われていることがわかるだろう。フィクションの世界では「カッコイイ」「感動する」でいいのだが、現実世界では、簡単に感情を動かされないというリテラシーも必要だ。

第2章

そのやり取りが心を捉えた！
名シーン会話集

　立場や思想が異なるキャラクターたちが、時に本心を隠したまま語り、時に自身の思いをぶつけ合うことで生まれる名シーンたち。

　ここでは、キャラクター同士のやり取りが印象的なシーンをもとに、演説にも通じる「どの言葉が心を動かすのか」という「殺し文句」を川上徹也が解説する。

「暁の蜂起」を前にした、ガルマとシャアの会話

『ガンダム THE ORIGIN』の中で、シャアとガルマの関係性を明確にしたといえるのがこのシーン。士官学校の学生たちを武装蜂起させるためにはそれを導くための存在が必要であり、尚且つ蜂起が成功した場合にその立役者として讃えられる人物がいなければならない。そこでシャアは、その役目をザビ家の御曹司であるガルマに担わせようとする。気後れするガルマに対して、準備がしっかりと整っていること、後はガルマ自身が決心すれば武装蜂起が決行されるという状況を作り込んで説得。シャアの巧みな人心掌握術が光るシーンとなっている。

ガルマ　連邦軍の兵営を？　攻撃!?

シャア　そうだ。奇襲して制圧。武装解除させる！　奴らは全く無警戒だ。今ならできる！

ガルマ　そんな……

シャア　怖いのか、ガルマ？　将来はザビ家の頭領になり、ジオンを統括することになるかもしれない君が、この程度のことで怖じ気づくのか？

ガルマ　し、しかし……

シャア　君なら指揮できる！　君はトップだ！
士官学校の輝ける星だ！

ガルマ　シャア……

シャア　あの強襲揚陸艦を見ただろう？　あれはこのガーディアンバンチからズム・シティに治安部隊を輸送していたんだ。今、その部隊はズム・シティで市民を殺戮している！
同じように今いる残りの部隊も送り込まれたらどうなる？
ザビ家の男だという

なら、黙って見過ごすことなどできないはずだ！

ガルマ　わかった！　でも勝てるだろうか……

シャア　勝てるさ！　見てくれ、これが駐屯地の見取り図だ。駐屯地には一個連隊がいる。しかし、一個大隊はすでにズム・シティに行っているから、残りは大隊２つ。2000人。

ガルマ　我々の10倍だ……

シャア　勝敗を決するのは人数じゃない。戦う集団でなければただの烏合の衆だ！　兵舎は２ブロック。中央は管理棟、連隊本部だ。挟んで反対側に兵器庫、重機格納庫。これらを攻撃目標のA、B、C、Dとする。

ガルマ　お、おどろいたな……。いつの間にそんな……

シャア　感心なんかするなよ。大事なことはまだある。ひとつはドッキングベイ、外からの干渉を入れさせないために押さえる必要がある。あとひとつはドズル校長。

ガルマ　兄はいい人だ、話せばわかって……あ、そうだ！
いっそ兄と一緒にやろう。なんなら僕から話して……

シャア　# ガルマ！君は自分の手で歴史の歯車を回してみたくないのか？

川上徹也 CHECK! ☑

　この会話での注目は「**ガルマ！　君は自分の手で歴史の歯車を回してみたくないのか？**」という部分だ。シャアの説得にもガルマは煮え切らず、その直前に「いっそ兄と一緒にやろう」と別の選択肢を提示していた。そんなガルマの気持ちを一変させる「殺し文句」になっている。ガルマの奥底にある願望をうまく言語化して問いかけたことが決め手だ。

「ルウム会戦」へ向けたギレンとデギンの会話

ギレンはジオン独立戦争の開戦時に「コロニー落とし」＝ブリティッシュ作戦という非道な作戦を展開し、多くの市民を死に至らしめながらも、作戦は失敗。さらなる戦いとして「ルウム会戦」に臨むことに対して対立を深めるデギンとギレンの関係性を描いたのがこのシーン。戦渦によるさらなる状況の悪化を危惧し、独裁者になりつつある自分の息子に釘を刺そうとするデギンだが、戦いの勝利にだけ気持ちを向けるギレンとはもはや会話が成立しないことが明示される。すでにデギンではギレンを止めることができないことがハッキリとわかるシーンとなっている。

ギレン 　当面する最大の課題はサイド5、ルウムの処置であります。依然ルウムは割れています。我々につくべきか、それとも連邦側につき立つべきか。ただ、ハッテの場合と違うのは、彼らにはすでに連邦の強力な

支援が約束されているということです。
現在ミランダに向かいつつあるティアンム艦隊は連邦宇宙軍最強です。これによってルウムの世論は大いに変化しました。敵対兵力が優勢になったのです！

デギン 　………

ギレン 　ルウムもまた掃討されなければなりませんっ！
この聖戦に勝利せんとするならば、ルウムこそ最も重要なキーストーンになります！

デギン 　**何十億人も殺して……それでもまだお前は犠牲が足りないというのか！！**

ギレン 　**何人殺したか。否！何人が死んだかとい**

　　　　　う問題ではありませんっ！
　　　　　敵に勝つことが重要なのですっ！
　　　　　ジャブローがなお存在し、連邦側が抗戦の意思
　　　　　を明確に示している以上！

デギン　それは我が方の計画の失敗によるものだ。そうだな？

ギレン　ブリティッシュ作戦の責任者は無論厳重に処罰し、統括者は十分な償い
　　　　　をさせます。

デギン　わしはこの計画の立案者だったお前のことを言っているのだ、ギレン。

ギレン　**勝利者にさえなればいいのですっ！ 戦争犯罪者**
として訴追されるこ
とをお望みでないな
らば、戦争に勝つた
めの最善の指導をし
ている私をご信頼な
さるべきですっ！

デギン　部屋に戻る！　ガルマ、肩を貸しなさい。

ガルマ　あ、はいっ！

ギレン　やれやれ、年を取られたな父上も……

川上徹也 CHECK！ ☑

　　　それまで、ギレンの暴走を止めようとしていたデギンだったが「**戦争犯罪**
者として訴追されることをお望みでないならば、戦争に勝つための最
善の指導をしている私をご信頼なさるべきですっ！」の一言で、何も言えなく
なってしまう。デギンにとって、一番恐れる痛いところをつかれたからだ。人
の心が一番動くのは、相手から「恐怖」か「利益」を示された時だ。

「ルウム会戦」勝利後のギレンとデギンの会話

ジオン独立戦争の緒戦における大規模艦隊戦「ルウム会戦」において勝利したジオン公国。さらなる犠牲を出したくないと考えるデギンは、戦勝祝賀会を前に、ギレンに対して再び早期講和を結ぶべく説得を試みる。「ルウム会戦」での勝利というアドバンテージを使い、早期講和をするよう語りかけるが、地球連邦に対して完全勝利することにとらわれたギレンの脳裏には戦いに勝つことへの邁進しかなく、両者の間には深い溝ができているのがわかる。ギレンとデギンの相容れない親子関係がさらに明確となるシーンだと言えるだろう。

デギン ギレンよ。早期講和、求めるべきはこれだ。この勝利を好材料として連邦を交渉の場に引き出すのが懸命と思うが……

ギレン お言葉ですが。我々は勝ち続けます。この先も、そして最後まで！ 交渉は最良の機会をとらえて、我々がそれを選択すればいいのです。

デギン そういうことを言って誤ったのだ！ ナポレオンも、ヒトラーも！

ギレン そんな旧時代の愚行は参考になりません。我々はすでに人類の経験領域の外に生き、歴史を育んできているのですよ。ジオン・ズム・ダイクンの最良の同志であった父上の言葉とも思えませんっ！ ダイクンは何と言いましたか！？ スペースノイドは新しい種となり、人類を次段階の進化へ導くと高らかに宣言したではないですか！

デギン　　………

ギレン　　**まさに今、ダイクンの理想を現実にする好機を
　　　　　我々は手に入れたのですっ！
　　　　　今をおいて無い唯一の機会を！　邁進あるのみで
　　　　　す！　妥協ではなく、ただ前へ！　前へ!!**

>> その場を去るギレン

デギン　　………キシリア。

キシリア　……はい……ここにおります。

デギン　　どう思うか。ワシは恐ろしい
　　　　　……

キシリア　ご心配なく。お力になります。

デギン　　頼む……あれを止められるのは、たぶんお前だけだ。あれは鬼になった
　　　　　……ダイクンの無念が悪魔に変じてあれに憑いたのだ。あれはこの国を、
　　　　　我が一族をも滅ぼす……

キシリア　ご安心ください。このキシリアがついております。

川上徹也 CHECK! ☑

　　この会話での注目は、デギンが「ナポレオンやヒトラーの誤り」をもって忠
告したのに対して、ギレンは「**そんな旧時代の愚行は参考になりません。
我々はすでに人類の経験領域の外に生き、歴史を育んできているの
ですよ**」と、次元の違う答えで切り返した部分だ。このように答えにくい質
問に次元を変えて答えることは、ビジネスシーンでも有効だ。

シャアとセイラ　テキサスコロニーでの再会時の会話

地球連邦軍とジオン公国軍による宇宙での戦いも大詰めを迎えようとする状況の中、シャアとセイラの兄妹がテキサスコロニーにて2度目の再会を果たすシーン。これまで自分の本心を語ることをしなかったシャアが、妹であるセイラだからこそ、隠し続けてきたこれまでの行動の目的を吐露している。そして、シャアの口から語られるザビ家打倒への思いから始まるやりとりは、人類の革新であるニュータイプの存在へとつながっていくことになる。作品のテーマ性に踏み込むという意味でも、この再会シーンはかなり重要なことを描く名シーンだ。

シャア　アルテイシア……

セイラ　兄さん……

シャア　軍を抜けろと言ったはずだ。それが士官とはな。

セイラ　兄さんこそ、父さんの仇討ちをすると言って私から離れたのに、軍人となって、地球連邦の敵になって……。筋違いなんじゃないですか？

シャア　私たちを育ててくれたジンバ・ラルは、
デギン・ザビ公王が父を暗殺したと言い続けていた。

セイラ　ええ。口癖だったわね。

シャア　父の死因となった心臓発作は、デギンが仕掛けたのが事実らしい。
それを悟られぬために、デギンは公国制を敷いたとき、父の名前のジオンを国の名に使ったわけだ。宇宙移民者の独立主権を唱えた父は、宇宙の民をニュータイプのエリートだとしたところにデギンのつけ込む隙があったのだな。宇宙移民者はエリートであるから地球に従う必要はない……という論法にすり替えられたわけだ……

セイラ　**けど、この戦争で……いいえ、それ以前から人の革新は始まっていると思えるわ。**

シャア　それがわかる人とわからぬ人がいるのだよ。だからオールドタイプは殲滅するのだ。

セイラ　でも、オールドタイプがニュータイプを生む土壌になっているのではなくて？　古き

ものの全てが悪しきものではないでしょう。

シャア　それはわかっている。しかしな、アルテイシア。体制に取り込まれたニュータイプが私の敵となっているのが面白くない。それは、私のザビ家打倒を阻むものとなる。

セイラ　アムロはわかっているわ。

シャア　アムロ？　ガンダムのパイロットか？

セイラ　そう。

シャア　パイロットでは体制は崩せんよ。ニュータイプ能力を戦争の道具に使われるだけだ。

セイラ　兄さん！　あなたは何を考えているの？

シャア　父の仇を討つ。

セイラ　**嘘でしょ、兄さん！　兄さんはひとりで何かをやろうとしているようだけど、ニュータイプひとりの独善的な世作りをすることはいけないわ！**

シャア　**私はそんなにうぬぼれてはいない。ニュータイプはニュータイプとして生まれ出る道を作りたいだけだ。**

アルテイシア、すぐに木馬を降りろ。
地球に降りられるだけの金塊は残してある。

セイラ　兄さん！

シャア　**私がマスクをしているわけがわかるか？
私は、お前の知っているキャスバルではない。
シャア・アズナブルだ。
過去を捨てた男だ！**

セイラ　兄さん！　私は！　兄さん！　キャスバル兄さん！

川上徹也 CHECK! ☑

　この会話で注目したいのは、シャアの語る「**私がマスクをしているわけがわかるか？　私は、お前の知っているキャスバルではない。シャア・アズナブルだ**」というセリフ。歩み寄ろうとする妹の気持ちに対し、それを拒絶するための理由として素顔を隠していることを告げる。これは、自分の本心を見せないためにもマスクを被り続けるという決意の表れをあえて語ったセリフだと言える。

ギレンとデギンの会話 「貴公はヒットラーの尻尾だな」

地球連邦軍とジオン公国軍による宇宙での戦いが大詰めを迎え、ギレンは起死回生の策として、スペースコロニーを攻撃兵器として使用するソーラシステムの投入を決定。自分たちの居住する大地でもあるスペースコロニーまでも兵器にし、勝利にこだわるギレンと戦争を早く終わらせるべきと考えていたデギンの間にできた溝は埋まることがないことが明らかとなる。自身の息子を「ヒットラーの尻尾」と例えて突き放すデギンとそれさえも気にせず己の道を邁進しようとするギレンとの心の距離感を描いた名会話シーンとなっている。

デギン しかしな、ギレン。数百万の一般国民を疎開させるということは、これは、軍人の無能を示す事だ。

ギレン わたくしに面と向かってよくおっしゃる。

デギン ギレン！　ワシとて公国制を敷いた男だ。貴公の軍政のみを……

ギレン ご覧を！

デギン 作戦などいい！

ギレン 我がジオン本国にとって、月とア・バオア・クーは最終防衛線です。それに対して地球連邦軍は、三つのコースから侵攻する事が考えられます。ここを突破されればジオンは裸同然です。その前にソーラシステムで侵攻する連邦軍艦隊を討つ。このシステムはコロニーを使えるために、金も時間も掛からずに我がジオンの……

デギン **そこまでして勝ってどうするのだ？ギレン。**

ギレン サインを頂ければ幸いです。

デギン やっておって今さら……

ギレン デギン公王あってのジオン公

国ですから……

デギン　で、どうするつもりか？

ギレン　**せっかく減った人口です。これ以上増やさずに優良な人種だけを残す。それ以外に人類の永遠の平和は望めません。そしてそのためにはザビ家独裁による人類のコントロールしかありません。**

デギン　貴公、知っておるか。アドルフ・ヒットラーを。

ギレン　ヒットラー？　中世期の人物ですな？

デギン　**ああ、独裁者でな。世界を読みきれなかった男だ。貴公はそのヒットラーの尻尾だな。**

ギレン　私が？

デギン　ワシはジオンの国民を、急ぎ纏める方便として公国制を敷いた。ジオンの理想を実現する為にな。しかし……

ギレン　**ヒットラーの尻尾の私が独裁制に持ち込んだ？**

デギン　キシリアとな。

川上徹也 CHECK! ☑

「**ああ、独裁者でな。世界を読みきれなかった男だ。貴公はそのヒットラーの尻尾だな**」。この言葉は、人の心を失い、他者の言葉を聞き入れることができなくなった息子ギレンに対しての、哀れみと決別の意味を持った言葉と読み解くことができる。大きな戦果を挙げることが正しいと信じる息子とそれは認められることではないと断ずる父の関係がよくわかる。

アムロとララァ、戦いの決着

　サイド6で偶然出会い、わずかな交流をしながらも互いを強く意識したアムロとララァ。2人は、今度は戦場という場で、ニュータイプの戦士として再会することになる。ニュータイプだからこそ、通信などを使わずに精神同士で言葉以上の理解度で会話することができるアムロとララァは自分たちの戦う理由、そして戦場で出会ってしまい、理解しあってしまう悲しみを語り合う。それは、『機動戦士ガンダム』という作品が幕を閉じるためには欠かすことができない、作品の骨子に関わる重要なテーマを語るシーンとなっているのだ。

ララァ　　あなたには力がありすぎるのよ。あなたを倒さねばシャアが死ぬ！

アムロ　　シャア？　そ、それが……

ララァ　　あなたの来るのが遅すぎたのよ！

アムロ　　遅すぎた？

ララァ　　**なぜ、あなたは今になって現れたの？
あなたはこんなに戦えるじゃない！
なぜなの！　あなたには守るべき人も
守るべきものもないというのに！**

アムロ　　なんだと！

ララァ　　私には見える。あなたにはふるさともなければ家族もないわ。人を愛してもいない！

アムロ　　だから、だからってどうだって言うんだよ!?　守るべきものがなくて戦ってはいけないのか？

ララァ　それは不自然なのよ！

アムロ　では、ララァはなんだ？

ララァ　私は救ってくれた人のために、私は戦っているわ。

アムロ　たった、それだけのために？

ララァ　それは人の生きるための真理よ。

アムロ　では、この僕たちの出会いはなんなんだ？

ララァ　ああっ！！　なぜなの。なぜ遅れて私はあなたに出会ったのかしら？

アムロ　**運命だとしたら酷いもんだよな。残酷だよな。**

ララァ　**あなたと出会ったからって、どうなるの？**
　　　　どうにもならないわ。どうにも……

アムロ　**しかし、これは事実だ。認めなくちゃいけないんだ。**

ララァ　**認めてどうなるの？**
　　　　出会ったからって、どうにもならない出会いなのよ。

シャア　ララァ！

セイラ　アムロ！

ミライ　……アムロ！　いけないわ！

ララァ　**出会えばわかりあえるのに、**
　　　　なぜこういうふうにしか会えないのかしら……
　　　　あなたは私にとって遅すぎて……

アムロ　**僕にとってあなたは突然すぎたんだ……**

人同士ってこんなもんなんだよな……

>> アムロとララァがニュータイプとして交感する中、シャアとセイラが割り込む

シャア　ララァ！　奴との戯言はやめろ!!

ララァ　大佐！

アムロ　シャア！

セイラ　ガンダムと赤いモビルスーツ！　兄さん、下がってください！　兄さん！

ララァ　大佐！　いけません！

シャア　何ぃ？　アルテイシアか……

>> セイラの存在に気を取られたシャアの隙を突いて攻撃するアムロ

アムロ　シャア、覚悟!!

シャア　ウゥム！

ララァ　大佐！

シャア　ララァ！

アムロ　ララァ……

ララァ　きゃーっ!!!

アムロ　ララァ!!

>> 割って入ったララァのエルメスをビーム・サーベルで貫くアムロのガンダム

ララァ　人は変わってゆくわ。私たちと同じように……

アムロ　そうだよ。ララァの言う通りだ。

ララァ　アムロは本当に信じて?

アムロ　**信じるさ、君ともこうして解り合えたんだ。人はいつか時間さえ支配することができるさ。**

ララァ　**ああ、アムロ、時が見える……**

アムロ　**僕は取り返しのつかないことをしてしまった……**
僕はララァを……殺してしまった……

シャア　今の私にはガンダムは倒せん。ララァ、私を導いてくれ……

川上徹也 CHECK! ☑

　ララァは、アムロに対して「**なぜ、あなたは今になって現れたの?**」と問う。ララァは自分を救ってくれ、理解してくれたシャアと先に出会い、行動と共にした。しかし、シャアよりも深く、同じ立場で精神の交流ができるアムロと先に出会っていれば、現状は大きく変わっていたのではないか?　2人の会話の中にある嘆きは、まさにこの言葉に集約されていると言えるだろう。

機動戦士ガンダムⅢ　めぐりあい宇宙

アムロとシャア最終決戦

　地球連邦軍とジオン公国軍の総力戦とも言えるア・バオア・クーでの激戦が繰り広げられる中、アムロとシャアの戦いも最終決戦を迎える。ガンダムとジオングに乗りこみ、ニュータイプの能力を駆使したモビルスーツ同士での戦いでも決着がつかず、互いに機体を失った状態となり、ア・バオア・クーの内部において、ついに生身で対峙する。互いにとって大切な人間であったララァを失ったこと、そしてニュータイプの在り方を問うように思いをぶつけ合う戦いは、アムロとララァの戦いと同様に、作品のテーマ性が込められた名セリフが展開されるシーンとなっている。

アムロ　こう近付けば四方からの攻撃は無理だな、シャア！

シャア　な、なんだ？

アムロ　なぜララァを巻き込んだのだ？　ララァは戦いをする人ではなかった！

シャア　チィッ！

アムロ　シャア‼

シャア　ガンダムのパイロットはアムロといったな。どうする？　あのニュータイプに打ち勝つ方法は？……ララァ、教えてくれ。どうしたらいいんだ？

>> ア・バオア・クー宙域で戦うガンダムとジオング

シャア　うぉお！

アムロ　違うか！

シャア　ガンダム！

アムロ　うわぁ！　シャアめ！　まだだ、たかがメインカメラをやられただけだ！

アムロ　シャアだってわかっているはずだ。本当の倒すべき相手が誰

かということを。いるな！

>> **ラストシューティング。ジオングの頭部を撃ち抜くガンダムだが、相打ちとなって倒れる**

>> **ア・バオア・クー内部を進もうとするアムロ**

アムロ　まっすぐ行けばア・バオア・クーの核に行ける。できるぞ！

シャア　そう思える力を与えてくれたのは、ララァかもしれんのだ。ありがたく
　　　　思うのだな。

アムロ　貴様がララァを戦いに引き込んだ！

シャア　それが許せんというのなら間違いだな、アムロ君。

アムロ　な、なに？

シャア　# 戦争がなければ、
　　　　# ララァのニュータイプへの目覚めはなかった。

アムロ　# それは理屈だ！

シャア　しかし、正しいものの見方だ。

アムロ　それ以上近付くと、撃つぞ。

シャア　君は自分がいかに危険な人間かわかっていない。素直にニュータイプの
　　　　ありようを示しすぎた。

アムロ　だから何だと言うんだ！

シャア　人は流れに乗ればいい。だから、私は君を殺す！

>> **生身で撃ち合いを始めるアムロとシャア**

シャア　貴様が最強の兵だからだ。

アムロ　# 本当の敵はザビ家ではないのか？

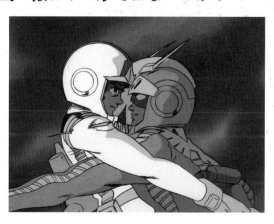

シャア	私にとっては違うな！ わかるか？　ここに誘い込んだわけを！
アムロ	ニュータイプでも体を使うことは普通の人と同じだと思ったからだ！
シャア	体を使う技はニュータイプといえども訓練をしなければな！
アムロ	そんな理屈！

>> 生身のままサーベルで戦うアムロとシャア

セイラ	やめなさい、アムロ！　やめなさい！　兄さん！　2人が戦うこと なんてないのよ！　やめてください！　2人が戦うなんて！
シャア	ハアッ‼
アムロ	チィッ‼

>> 刺し違えるアムロとシャア

アムロ	今、ララァが言った…… ニュータイプは殺しあう道具ではないって。
シャア	今という時では、人はニュータイプを殺し合いの道具にし か使えん。ララァは死にゆく運命だったのだ。
アムロ	貴様だってニュータイプだろうに‼
セイラ	やめなければダメ！　ああっ‼

>> 爆風で吹き飛ばされ、アムロとぶつかるセイラ

シャア	うわあっ‼
アムロ	ううっ‼
セイラ	あっ！　あっ、アムロ、大丈夫？
シャア	アルテイシア！
セイラ	兄さん、やめてください。 アムロに恨みがあるわけで はないでしょう！
シャア	ララァを殺された。
セイラ	それはお互い様よ。
シャア	なら同志になれ。そうすれ ばララァも喜ぶ。
アムロ	……正気か？

セイラ	兄さん！
シャア	貴様を野放しにはできんのだ！

>> 再び爆発が起こり、別の場所に吹き飛ばされるアムロ

セイラ	兄さん、額の傷は？
シャア	ヘルメットがなければ即死だった。
ジオン兵	キシリア閣下が脱出されるので、護衛にと思いましたが残念です。大佐なら……
シャア	安心しろ。貴様に代わって、キシリア殿は必ずお守りしてみせる。
ジオン兵	ありがとうございます。
シャア	ここもだいぶ空気が薄くなってきた。アルテイシアは脱出しろ。
セイラ	**兄さんはどうするのです？**
シャア	**チャンスは最大限に生かす。それが私の主義だ。**
セイラ	**兄さん！**

**シャア　お前ももう大人だろ。戦争も忘れろ。
いい女になるのだな。アムロ君が呼んでいる。**

セイラ	アムロが？

>> その場を去り、キシリアを倒すべく向かうシャア

シャア	キシリア殿は？
通路にいたジオン兵	出航されるところであります！

>> キシリアの乗る出航直前の機動巡洋艦ザンジバルの前に現れたシャア

**シャア　ガルマ、
私の手向けだ。姉上と仲良く暮らすがいい。**

川上徹也 CHECK! ✓

「戦争がなければ、ララァのニュータイプへの目覚めはなかった」。このセリフは、シャアの複雑な思いが込められたものだと言えるだろう。復讐のために戦争の渦中に身を置いていたからこそ、ララァと出会い、彼女を戦争へと巻き込んでしまう。ララァを失ってから自身の責任に気付いたシャアは、このようなセリフで自己正当化しなければられなかったのではないか？　いろいろと深読みすることができるセリフである。

コンペイトウ襲撃後の戦闘におけるコウとガトーの会話

　目の前でガンダム試作2号機を奪われ、緒戦では圧倒されて悔しい思いを抱えたコウ・ウラキ。その未熟さをたしなめたガトー。しかし、激戦を乗り越えて再び戦場で相まみえると、コウはかつて水をあけられたガトーに肉薄するほどの成長を遂げていた。ガンダム試作1号機フルバーニアンとガンダム試作2号機が、まさに激戦に相応しい戦いを繰り広げる中、ガトーは執念で自分を追ってきた男の現在の実力を思い知る。劇中におけるコウとガトーのライバル関係を決定づけ、クライマックスへの伏線にもなった物語折り返しの忘れられない名対決シーンだ。

ガトー　しかし、なんと他愛のない。鎧袖一触とはこのことか……
　　　　　ん⁉　真下か‼

コウ　**ガトー、聞こえているか‼　返事をしろ‼　聞こえているだろう、ガトー‼　お前が忘れても、俺は忘れはしない！**

ガトー　いつぞやの男か⁉

コウ　俺は決着をつけるまで、おまえを追い続ける‼

ガトー　フッ……しかし、私の勝ち戦に花を添えるだけだ。そして、貴様に話す舌など持たんと言ったハズだ‼

コウ　やった……？　……違う。ガトーは？

ガトー　遅い‼

コウ　でやぁぁぁ‼
　　　ガトー、聞こえないのか⁉

満足だろうな、ガトー！でも、そいつは2号機を奪われた俺たちにとって屈辱なんだ！

ガトー	フッ、わからんでもない。ずいぶん肝をなめたようだな。
コウ	聞いてるのか「582」だ！
ガトー	聞いてやる。
コウ	なんだと……！
ガトー	戦いの始まりはすべて怨恨に根差している。当然のこと。
コウ	くっ……いつまで減らず口を！！

ガトー　しかし、怨恨のみで戦いを支える者に私を倒せぬ！！私は義によって起っているからな！！

| コウ | くっそぉ……！！　あっ！！ |

ガトー　歯車となって戦う男にはわかるまい！！

コウ	うぉぉぉぉ！！
コウ	左腕が動かない……？　よし！！
ガトー	腕を上げたな！！
コウ	くそう。メインカメラ……！！

ガトー　しょせん、貴様とは価値観が違うようだな。

コウ	まだだぁっ！！
コウ	くそう！ コア・ファイターはダメか！！
ガトー	確か、ウラキとか言ったな!?
コウ	なに!?

ガトー　二度と忘れん！！

コウ　ガトーオォォォ！！！！

川上徹也 CHECK！ ☑

　実力が拮抗する中でガトーが発する「**怨恨のみで戦いを支える者に私を倒せぬ！！　私は義によって起っているからな！！**」というセリフ。相手の実力を認めながらも、自分にはより強い理想があることを示している。これはコウに対して強気の姿勢を見せるだけではなく、「ここでは負けられぬ」という自分自身を鼓舞させる言葉になっている点にも注目したい。

グリプス２におけるシャア、ハマーン、シロッコの会話

『機動戦士Ｚガンダム』の舞台となった「グリプス戦役」の最終局面、シャア、ハマーン、シロッコは、コロニー・レーザー内に侵入する。劇場で一堂に会した各組織の指導者たちは、自身の考えをぶつけあう。もちろん、彼らのやりとりが戦争の趨勢に影響を与えることはなかったが、特にシャアとハマーンのやりとりは、ふたりのこれまでの関係性をうかがわせるもので興味深い。このときのシャアのセリフは、のちの『機動戦士ガンダム 逆襲のシャア』におけるアムロとの会話と比べてみると、彼の思想の変遷がうかがえる、一種の伏線になっている。

シャア　　　劇場の跡……

ハマーン　シャア、拳銃を捨てろ‼

シャア　　　ハマーン‼

ハマーン　**大した役者だったよ、シャア。話し合いの余地がないとするならば、ここがお前の死に場所になるな。**

シャア　　　**いや、もうひとり役者がいるな。**

シロッコ　フフッ。

ハマーン　**そうだな。こんな芝居じみたことは、シロッコの領分だったな。**

シロッコ　**私は歴史の立会人にすぎんから、そうも見えるか……が、シャアよりは冷静だ。**

シャア　　　**私が冷静でないだと？**

シロッコ　**そうだよ。貴様はその手に世界を欲しがっている。**

ハマーン　シロッコの言う通りだろう、シャア。

ならばザビ家再興に手を貸せばいい。そのうえで世界のことを共に考えよう。このこうるさい見物人を倒してな。

シャア　ハマーン。私はただ世界を誤った方向に持って行きたくないだけだ。

ハマーン　では聞くが、ザビ家を倒し、ティターンズを排除した世界で、お前はいったい何をしようというのだ？

シャア　**私が手を下さなくても、
ニュータイプへの覚醒で人類は変わる。
その時を待つ。**

ハマーン　**私に同調してくれなければ、排除するだけだ。
そのうえでザビ家を再興させる。
それがわかり易く、人に道を示すことになる。**

シャア　**また同じ過ちを繰り返すと気付かんのか？**

ハマーン　**世界の都合というものを洞察できない男は
排除すべきだ。**

川上徹也 CHECK! ☑

　すべての敵を倒したあとの世界でシャアは何をしようというのか？　ハマーンの言葉にシャアは、「**私が手を下さなくても、ニュータイプへの覚醒で人類は変わる。その時を待つ**」と応えた。それは自身が変化のきっかけとなるのでなく、あくまでも他者が選択によって変化を選ぶことを待つ、という意味と捉えることができる。「気付き」による変化は人を成長させる大きな要素といえる。

ジュドーとハマーンの最終決戦

地球連邦政府を屈服させる直前まで追い込んだネオ・ジオンだが、目的の達成を前に軍内部ではハマーン派とグレミー派に分かれた内乱が勃発。その結果、ネオ・ジオンは崩壊状態に陥ってしまう。ジュドー・アーシタとの長きにわたる因縁ともいえる戦いを繰り広げてきたハマーン・カーンは、一騎打ちによる決着を望む。小惑星モウサの内部で繰り広げられるハマーンのキュベレイとジュドーのZZガンダムによる戦いは、"陰"と"陽"というまったく異なる属性同士によるニュータイプ対決として描かれ、作品を象徴する名シーンとなっている。

ハマーン ジュドー、どうして私がここにお前
を呼んだかわかるか？

ジュドー わかるよ。センチメンタルだよ。
あんたの。

ハマーン フッ、よく言う。ここはジオン発祥
の地だ。そして、お前と私が初めて
会った場所でもある。
ここがお前の墓場になる！

>> モウサの激突の影響で壁に打ち付けられるZZガンダムとキュベレイ

ジュドー 何？

ハマーン 何だ？　ネェル・アーガマ。モウサをコア3に激突させたのか？

ジュドー ハマーン！　もう終わりだハマーン。

お前の足場はすべて破壊された。

ハマーン こざかしいことを少年が言うのか！

>> ビーム・サーベルで切り結ぶキュベレイとZZガンダム。キュベレイが隙を突いて背後を取る

ハマーン 後ろを取った。ジュドー！

ジュドー あんたも落ちるぞ！

ハマーン どうかな？

ジュドー・アーシタ！

**>>Bパーツを切り離して攻撃を避けるZZガンダム。
さらにコア・ファイターに分離して攻撃を行う**

ハマーン　そんなもので！

ジュドー　うわーっ！

ハマーン　とどめは私の手で
　　　　　直接刺してやるよ！

>> コックピットから放り出されるジュドー。それ
を生身で追うハマーン。身を隠したジュドーが反撃
に出る

ジュドー　貴様！

ハマーン　ジュドー、私と来い。

ジュドー　**あんたの存在そのものが鬱陶しいんだよ！
あんただけ行けばいい！**

ハマーン　**どう言われようと、
己の運命は自分で拓くのが私だ！**

ジュドー　ハマーン！

ハマーン　お前の命、もらった！

>> キュベレイに再び乗り込み、ジュドーのコア・ファイターに近づくハマーン。その時、謎の光
がジュドーの周りに現れる

ハマーン　何だ？　このパワーは？　何だ？　あれはカミーユ・ビダン？

>> 光が分離した機体を引き寄せ、ZZガンダムが合体する

ハマーン　動け！　なぜ私の手が！

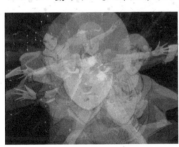

ジュドー　**わかるぞ。
ZZがみんなの力を！
みんなの力がガンダム
に！**

ハマーン　**人の思いが、人の意思が
力となっていくのか？
これがニュータイプ？**

ジュドー　あなたには、見えているはずだ！
戦いで無駄死にをした人の意思が！

ハマーン　**人は生きる限りひとりだよ。人類そのものも
そうだ！　お前が見せてくれたように、
人類全てがニュータイプになれるものか！**

**その前に人類は地球を
食い尽くすよ！**

ジュドー　そんなに人を
　　　　　信じられないのか？
　　　　　憎しみは憎しみを
　　　　　呼ぶだけだって、わかれ！

>> ハイ・メガ・キャノンを放つ ZZ ガンダム

ハマーン　うわああああっ！

ジュドー　憎しみを生むもの、
　　　　　憎しみを生む血を吐き出せ！

ハマーン　吐き出すものなど、ないっ！

ジュドー　自分の頭だけで考えるな！
　　　　　今持っている肉体にだけとらわれるから！　あっ！

ハマーン　肉体があるから、やれるのさ！

ジュドー　どこへ？

プルツーの声　ジュドー、上！

ジュドー　え？

ハマーン　もらった！

>> 切り結ぶキュベレイと ZZ ガンダム。互いに大きな損傷を受ける

ジュドー　ハマーン！

ハマーン　相打ちと言いたいが、私の負けだな。

ジュドー　**なぜ、もっとファンネルを使わなかった？**

ハマーン　**一騎打ちと言ったろ。**

ジュドー　**その潔さを何でもっと
　　　　　上手に使えなかったん
　　　　　だ！
　　　　　持てる能力を調和と協
　　　　　調に使えば、地球だっ
　　　　　て救えたのに！**

ハマーン　フハハハ。アステロイド・ベルトまで行った人間が戻ってくるというのはな、人間がまだ地球の重力に引かれて飛べないって証拠だろ。

ジュドー　だからって、こんなところで戦ったって、何にも……

ハマーン　**そうさ。さかしいお前らのおかげで、地球にしがみつくバカどもを抹殺できなかったよ……すべてお前たち子供が……**

ジュドー　おいっ！

ハマーン　下がれ！　**帰ってきてよかったよ……**

＞＞ジュドーのもとから離脱するハマーン

ジュドー　ハマーン！

ハマーン　**強い子に会えて……**

＞＞ハマーン、機体が爆発し宇宙に散っていく

川上徹也 CHECK! ☑

前を向き続けるジュドーと過去に囚われ続けるハマーンという立場の違いがクッキリとでている戦いにおいて、際立つのはジュドーの感情。「**そんなに人を信じられないのか？　憎しみは憎しみを呼ぶだけだって、わかれ！**」という言葉を契機にハマーンの心情が大きく変わっていると読み解くことができ、この戦いにおけるパワーワードとなっているといえるだろう。

機動戦士ガンダム　逆襲のシャア

ロンデニオンでのシャアとアムロの会話

　　地球連邦政府との停戦交渉のためにロンデニオンに降り立ったシャアは、同じタイミングでコロニーにいたアムロと引き寄せられるように遭遇する。敵対する陣営に所属するパイロットという枠を超え、互いをライバル視するアムロとシャアは、出会った瞬間に互いの感情をぶつけながら殴り合いを繰り広げるのだった。戦闘とは言えない、大人同士のケンカとも言えるこの激突では、生身だからこそぶつけることが出来る感情が込められており、アムロとシャアがそれぞれの思想に近い思いを知ることが出来る名シーンとなっているのだ。

>> *コロニー内を散策している最中に出会ったアムロとシャア*

アムロ　貴様！

シャアの側近　どうなさいました？

シャア　ギュネイを呼べ。

シャアの側近　はっ。

アムロ　**なんでここにいるんだ？**

シャア　**私はお前と違って、パイロットだけをやっているわけにはいかん。**

アムロ　**なんだと！**

>> *逃げるシャアを追いかけるアムロ*

クェス　あれが、シャア？

アムロ　俺たちと一緒に戦った男が、なんで地球潰しを？

シャア　**地球に残っている連中は地球を汚染しているだけの、重力に魂を縛られている人々だ。**

クェス　だから夫婦でもいがみあっていられるんだ。あっ！

アムロ　そうか！　シャア！

>> 運転するクルマからシャアに飛びかかるアムロ。そこからアムロとシャアは殴り合いをはじめる

シャア 　**地球は、人間のエゴ全部は飲み込めはしない！**

アムロ 　**人間の知恵はそんなもんだって乗り越えられる！**

シャア 　**……ならば、今すぐ愚民どもすべてに英知を授けてみせろ！**

クェス 　そうだわ、それができないから……

アムロ 　……貴様をやってからそうさせてもらう！

>> シャアを投げ飛ばし、銃を向けるアムロ。その手を払うクェス。クェスが銃を拾い、アムロに銃口を向ける

クェス 　アムロ、あんたちょっとせこいよ！

アムロ 　クェス？

シャア 　行くかい？

>> クェスがシャアと共に行くことを選び、アムロたちの前から去って行く

川上徹也 CHECK! ☑

　感情をぶつけ合うシャアとアムロのやり取りは、立場の違いを明確にしていることがわかる。一兵士として行動するアムロと違い、軍を束ねる立場にいるシャアの視野の広さがそのやりとりから読み取れる。**「ならば、今すぐ愚民どもすべてに英知を授けてみせろ！」**というシャアの言葉は、具体的な答えを出せないアムロを大きく否定するワードとなっている。

アクシズでのアムロとシャアの最終決戦

　　小惑星アクシズを地球に向けて落下させる作戦を実行に移そうとするシャア。それを止めようとするアムロ。地球の命運を賭けた状況の中で展開されるアクシズでのアムロとシャアの最終決戦においても、ふたりの思想と感情のぶつかり合いは続く。モビルスーツ同士の戦いでは、アムロに軍配が上がるが、それはふたりにとっての決着ではなく、アクシズの落下を阻止する行動をする中でも、互いの感情のぶつかり合いは続いていく。アムロとシャアの言葉から何を感じるのか？　さまざまなことを考えさせられるやり取りが秀逸な名シーンとなっている。

>> アムロを追って生身でアクシズ内部に入るシャア。アムロは音声の中継機をあちこちに設置し、シャアを翻弄する

アムロ　　世直しのこと、
　　　　　知らないんだな。
　　　　　革命はいつも
　　　　　インテリが始めるが、
　　　　　夢みたいな目標を
　　　　　持ってやるからいつも
　　　　　過激な事しかやらな
　　　　　い。

シャア　　四方から電波が来る。

アムロ　　しかし革命のあとでは、
　　　　　気高い革命の心だって官僚主義と
　　　　　大衆に飲み込まれていくから、
　　　　　インテリはそれを嫌って世間からも政治からも
　　　　　身を退いて世捨て人になる。だったら……

シャア　　私は世直しなど考えていない！

アムロ　　……

シャア　　愚民どもにその才能を
　　　　　利用されている者が言う事か！

アムロ　　そうかい！

シャア	逃げた？　ブライトたちも？

>> 再びモビルスーツに乗り込み、相対するアムロとシャア

アムロ	このくらい！
シャア	サーベルのパワーが負けている？　ええーい！　なんと！
アムロ	シャア！
シャア	貴様がいなければ！ ア、アムロ！
アムロ	うおーっ！
シャア	モニターが、死ぬ？　何っ？
シャア	やられた？ 何、戻れというのか？ ナナイ、男同士の間に入るな、うわっ！
アムロ	逃がすかよ！
シャア	捕まった？　しかし、もう遅い。

>> モビルスーツ同士の戦いに決着。アムロがナナイに気を取られたシャアのサザビーを撃破。その瞬間にアクシズが中央から分断。シャアの乗った脱出カプセルをνガンダムで捕まえる

シャア	ふふふふ、ははははっ！
アムロ	何を笑ってるんだ？
シャア	私の勝ちだな。今計算してみたが、アクシズの後部は地球の引力に引かれて落ちる。貴様らの頑張りすぎだ！

アムロ	ふざけるな。たかが石ころひとつ、ガンダムで押し出してやる！
シャア	馬鹿な事はやめろ！
アムロ	やってみなければわからん！
シャア	正気か？

アムロ	## 貴様ほど急ぎすぎもしなければ、人類に絶望もしちゃいない！
シャア	うわあああっ……！　アクシズの落下は始まっているんだぞ！
アムロ	## νガンダムは伊達じゃない！

>> シャアの乗る脱出カプセルをアクシズの表面に固定し、νガンダムでアクシズを押し返そうとするアムロ。アクシズが地球に落下し始める

シャア	命が惜しかったら、貴様にサイコフレームの情報など与えるものか！

アムロ　なんだと？

シャア　情けないモビルスーツと戦って勝つ意味があるのか？　しかし、これはナンセンスだ。

アムロ　馬鹿にして。
そうやって貴様は、永遠に他人を見下すことしかしないんだ！

>> アクシズを押すνガンダム。サイコフレームが放つ光がνガンダムを包みはじめる。それに惹かれるように地球連邦軍のモビルスーツがνガンダムの周りに集まりはじめ、一緒にアクシズを押し返そうと行動する

アムロ　なんだ？　どういうんだ？
やめてくれ、こんな事に付き合う必要はない。下がれ、来るんじゃない！

シャア　なんだ？　何が起こっているんだ？
ええい、完全な作戦にはならんとは！

ジェガンパイロット　ロンド・ベルだけにいい思いはさせませんよ。

アムロ　しかし、その機体じゃあ。ギラ・ドーガまで。無理だよ、みんな下がれ！

ギラ・ドーガパイロット　地球が駄目になるかならないかなんだ。やってみる価値ありますぜ。

アムロ　しかし、爆装している機体だってある！
駄目だ、摩擦熱とオーバーロードで自爆するだけだぞ！

もういいんだ。みんなやめろ！

シャア　結局、遅かれ早かれこんな悲しみだけが広がって地球を押しつぶすのだ。ならば人類は、自分の手で自分を裁いて自然に対し、地球に対して贖罪しなければならん。アムロ、なんでこれがわからん。

アムロ　離れろ、ガンダムの力は……

>> さらに大きく広がるサイコフレームの光。その光にほかのモビルスーツたちがはじき飛ばされていく

シャア　こ、これは、サイコフレームの共振？
人の意思が集中しすぎてオーバーロードしているのか？
なのに、恐怖は感じない。

むしろ温かくて、安心を感じるとは！

アムロ　何もできないで、おあっ！

>> さらに地球への落下が進むアクシズ。はじき飛ばされたモビルスーツたちが離脱していく

シャア　そうか、しかしこの温かさを持った人間が地球さえ破壊するんだ。それをわかるんだよ、アムロ！

アムロ　わかってるよ。
だから、世界に人の心の光を見せなけりゃならないんだろ！

シャア　ふん、そういう男にしてはクェスに冷たかったな、え？

アムロ　俺はマシーンじゃない。クェスの父親代わりなどできない。だからか。貴様はクェスをマシーンとして扱って。

シャア　そうか、クェスは父親を求めていたのか。
それで、それを私は迷惑に感じて、クェスをマシーンにしたんだな。

アムロ　貴様ほどの男が、なんて器量の小さい。

シャア　ララァ・スンは私の母になってくれるかもしれなかった女性だ。
そのララァを殺したお前に言えたことか。

アムロ　お母さん？　ララァが？　うわっ……

>> νガンダムから放たれたサイコフレームの光が広がり、アクシズの落下は止まり、地球から離れていく

川上徹也 CHECK! ☑

　相容れない問答を繰り返し続けるアムロとシャア。そこで発せられる「**わかってるよ。だから、世界に人の心の光を見せなけりゃならないんだろ！**」というセリフは、考えではなく行動で示すべきだというアムロの思想を体現したもの。これこそ、アムロに出来てシャアに出来なかったことであるように受け止めることができる、このシーンにおけるキーフレーズとなっている。

資源衛星〈パラオ〉におけるバナージとフロンタルの会話

> ネオ・ジオン残党軍『袖付き』の拠点に連行されたバナージは、フル・フロンタルと対面。「赤い彗星の再来」と呼ばれる人物との邂逅に、バナージはそのマスクを取り、顔を見せるように言う。それに応じたフロンタルは仮面を取り、さらにはそれが「プロパガンダ」であると断言する。その後のふたりの会話は『ラプラスの箱』やスペースノイドや宇宙世紀に対する歴史観など、一般的なものに終始する。しかし、最終話における会話では、特にバナージの考えが大きく変わっており、その対比が興味深い。

フロンタル　旧公国軍最後の砦、ア・バオア・クーにこんな部屋があったらしい。このパラオの総督は旧ジオン公国の熱烈なシンパでね。

人の好意は素直に受けなければならない。趣味に合わないことでもな。それも指導者に求められる資質のひとつだと思っている。ご苦労だったキャプテン、マリーダ中尉。あとはいい。

マリーダ　大佐。

フロンタル　わかっている。ミネバ様が敵艦に捕らわれているとは、予想外だった。政治的な手段も含めて救出のチャンスはいくらでもある。堪えるんだ。

マリーダ　はっ。

バナージ　**シャア・アズナブル。**

フロンタル　どうした。座りたまえ。具合はどうかな？　あのガンダムから君を救出するのに、ずいぶん苦労したと聞いている。

バナージ　あなたはあの赤いモビルスーツに乗っていた人ですか？

フロンタル　殺し合いをした相手とは茶は飲めないか。バナージ・リンクス君。いい反応だ。だが、向こう見ずでもある。

パイロット気質だな。

バナージ **失礼ですが、その仮面は傷かなにかをお隠しに
なっているものなのでしょうか?**
もしそうでないのなら、顔を見せていただきたいのです。

アンジェロ 貴様‼

フロンタル いい、アンジェロ中尉。
バナージ君は礼儀の話をしてい
る。**これはファッション
のようなものでな、プ
ロパガンダと言っても
いい。**
君のように素直に言ってくれる人がいないので、つい忘れてしまう。
すまなかった。ミネバ様との経緯は聞いた。
しかし、君がビスト財団からあのモビルスーツ、ユニコーンガンダムを託され
た経緯については、まだ不明瞭な点が多い。あれは本来、我々が受け取る
ことになっていた機体だ。カーディアス・ビストはなぜ君を『ラプラスの箱』
の担い手に選んだのか?

バナージ ここに運ばれてくる間に話した通りです。
それ以上のことは自分も知りません。

フロンタル **『箱』を隠し持つがゆえにビスト財団の栄華はあっ
た。連邦政府との協定を破ってそれを差し出すか
らには、容易く変更できない計画があったはず。
当初の予定が狂ったからと言って、行きずりの相
手に『箱』を託すとは信じ難い。例えば君もビスト
一族の関係者だった……、とか。**

バナージ 答える義務はあるんでしょうか?

フロンタル やめろと言った。アンジェロ。

アンジェロ なめるなよ……、小僧‼

フロンタル 答える義務はない。だが、我々は
『箱』の情報を欲している。ミネ
バ様のことがあるから、穏便な聞
き方をしているのだということは、
覚えておいた方がいい。

バナージ そのミネバ……、オードリーが言っていたんです。

今のネオ・ジオンに『箱』を渡してはいけない。

117

また大きな戦争が起きてしまうって。

フロンタル　ほう。

バナージ　俺たちのコロニー、〈インダストリアル7〉で起こったことを思えば、誰だって同じ気持ちになります。彼女はジオンのお姫様なんでしょう。そのオードリーが反対しているのに、どうしてあなたたちは……!!

フロンタル　**では、君は信じているのか、『ラプラスの箱』の存在を。誰も見たことがない、中身も定かでない『箱』なるものに、本当に連邦政府を覆すほどの力が秘められていると。**

バナージ　それは……、わかりません。でも、一瞬で世界のバランスを変えてしまう知識や情報というものは、確かにあるように思います。

フロンタル　例えば？

バナージ　**ジオンが最初にやったコロニー落としとか、小惑星を落下させて地球を冷やすとか、旧世紀の核爆弾も、ミノフスキー粒子やモビルスーツだってそうです。世界は安定しているように見えても、少しずつ変化しています。そういった力のある発明や実験なら、タイミング次第で……**

フロンタル　**正しいな。歴史をそのように理解できる君なら、宇宙移民が棄民政策であったこともわかっているな。サイドごとの自治が認められてはいても、市長の任命権は中央政府に独占されている。その中央政府の選挙権も与えられないというのでは、スペースノイドは参政権をはく奪されたも同然だ。**

我々ネオ・ジオンは一枚岩ではない。だが、共通しているのはこの歪んだ体制を変えたいという意思だ。連邦の鎖を断ち切りスペースノイドの自治独立を実現するために、我々は……

バナージ　でも!!　テロはいけませんよ!!　どんな理由があっても、一方的に人の命を奪うのはよくない!!　そんな権利は誰にもないんだ!!

アンジェロ　では貴様はどうなのだ‼　武力のすべてが悪なら、ガンダムを使った貴様も同罪だ‼　貴様のせいで我々も貴重な兵を失った。

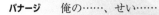

バナージ　俺の……、せい……

アンジェロ　たとえ流れ弾だろうが、貴様が撃ったことに変わりはない。

フロンタル　バナージ君にはまだそんな実感はない。無我夢中だったのだろうからな。セルジ少尉は不運だった。

バナージ　俺が人を殺した……⁉

フロンタル　ジンネマンを呼べ。君にはまだ学ぶべきことがたくさんある。我々のことを知って欲しい。そのうえでよき協力者になってくれれば、うれしく思う。

バナージ　**あなたは、
あなたはシャア・アズナブルなんですか⁉**

フロンタル　**今の私は、自らを「器」と規定している。
宇宙(そら)に捨てられた者たちの想い、
ジオンの理想を継ぐ者たちの
宿願を受け止める「器」だ……**

**彼らがそう望むなら、
私は
シャア・アズナブルになる。
このマスクは
そのためのものだ。**

川上徹也 CHECK! ☑

「彼らがそう望むなら、私はシャア・アズナブルになる。このマスクはそのためのものだ」。フロンタルのこの言葉は、彼のすべてを物語っている。自身を「器」と規定することも併せて、自身には中身が、つまり主体性がなく、周りの望み通りに振る舞う存在と公言するも同然である。しかし、それは周囲が「望む」存在になれるということも意味している。それもまた指導者の資質のひとつといえる。

資源衛星〈パラオ〉でのバナージとマリーダとの会話

フロントルとの接見後、バナージは『袖付き』のガランシェール隊のひとり、ギルボア・サントの家に身を寄せる。そこでの夕食時、ギルボアの子供から投げかけられた言葉は、意図せずして人の命を奪った彼に大きくのしかかるのだった。その様子を見たマリーダ・クルスは坑道の一角に作られた礼拝堂にバナージを連れ出す。そこでマリーダは彼に、戦いの意味、そして戦いの場がどういうものかを諭すように語る。その言葉はバナージの心の重荷を取り除く一助となったことは間違いない。この後、マリーダはバナージを導く人物のひとりとなる。

マリーダ　お前の言うことは間違っていない。正しい戦争なんてない。でも、正しさが人を救うとは限らない。この〈パラオ〉がまだアステロイド・ベルトにあった頃に造られたものだ。初期の宇宙開拓者と言えば、地球で食い詰めた者や政治犯、他に生きていく術を持たなかった者たちばかりだ。宇宙世紀が始まったとき、時の首相は「神の世紀との決別」と言ったそうだ。太陽も星のひとつに紛れてしまいそうなアステロイド・ベルトに住む彼らには、すがるべき光が必要だったのだろう。

バナージ　光……

マリーダ　光がなければ人は生きていけない。でも、宇宙に捨てられた人々はやがて神に代わる光を見出した。

「ジオン」という名の新しい光を。彼らにはそれが必要だった。絶望に抗い、残酷で不自由な世界で生き続けるために。この世界には改善の余地があると思わせて

くれる何かが。そんなものがなくても生きていける、実体のないものにすがるなんて馬鹿らしい。そう言い切れる奴がいるとしたら、そいつはよほどの幸せ者か、世間にかかわっていないかのどちらかだろうな。

バナージ　**人間だけが神を持つ、そう言っていた人がいるんです。今を超える力、可能性という名の内なる神を**って。

マリーダ　**ロマンチストだな。人や世界を信じていなければ、そんな言葉は出てこない。きっと優しい人だったんだろ。**　セルジ少尉、お前が落としたヤツのことは気にするな。**モビルスーツに乗って戦場にいれば、それはパイロットという戦闘単位だ。気に病む必要はない。ただ、自分がすでに状況の一部になっている、ということだけは覚えておけ。**

ミネバ様の ために行動を起こしてくれたこと、礼を言う。

バナージ　あなたも……。あ、えっと……

マリーダ　マリーダ。

バナージ　マリーダさんも、モビルスーツに乗ったりするんですか？

マリーダ　人手が足りないときに、な。

川上徹也 CHECK！ ☑

宇宙世紀の戦争は、スペースノイド（宇宙居住者）とアースノイド（地球居住者）の戦いであった。しかし、いくら「スペースノイドの自治独立」を掲げようと、その達成手段が戦争による相手の打倒である限り、戦いの正当性を訴えることは困難である。それが端的に、**「正しい戦争なんてない。でも正しさが人を救うとは限らない」**という言葉に表れている。

地球におけるダイナーの老主人とオードリーの会話

地球に降り、ローナン・マーセナスと会談したオードリー（ミネバ）は、その直後にマーセナス邸を抜け出し、道路沿いのダイナーに立ち寄る。そこで交わした老主人との会話から彼女は、人の行為の根底にあるものを知る。そして、彼の言葉に彼女は為すべきことを思い起こすのだった。この会話の中に出た「善意」という言葉は、彼女が真の宇宙世紀憲章――『ラプラスの箱』の真相を明かす放送の中でも使われている。このことからも老主人との会話が彼女にとって大きな意味を持っていたことがわかる。

ダイナーの老主人 スペースノイドか。そりゃあ、見かけんわけだ。観光かい？このあたりじゃ、見るものもないだろうに。

オードリー いえ、宇宙暮らしの身には地面に足をつけていられるだけで、うれしいものです。

ダイナーの老主人 儂らのような者には、この重力が疎ましくなることもある。宇宙へ行けば腰の痛みもとれるんじゃないか、ってな。

オードリー ずっと地球に住んでおられるのですか？

ダイナーの老主人 ああ、今さら離れられんよ。儂らの世代は祖父さん、祖母さんから昔の惨状を聞かされて育っとる。そりゃ、ひどいもんだったらしい。それを何とかしたくて人は連邦政府を作り、宇宙移民てやつを始めた。貧乏人だけが無理やり宇宙に捨てられたってやつもいるが、望んで出て

行った連中も大勢いた。地球の自然が元に戻るまでもう帰らないと覚悟してな。それも一年戦争で元の木阿弥になっちまったが。

オードリー 救われませんね。

ダイナーの老主人 まあしょうがない。

すべて善意から始まっていることだ。

オードリー　善意……？

ダイナーの老主人　**連邦も移民も元は人類を救いたいって善意から始まってる。**　会社を儲けさせたり、家族の暮らしを良くしたいと願うのと同じで。

オードリー　**でもそれは、ともすればエゴと呼ぶべきものになります。**

ダイナーの老主人　**そうかもしれんがね。それを否定してしまったら、この世は闇だよ。自分を殺して全体のた**めに働けるやつってのもいるんだろうが、それはそれで胡散臭い。**ネオ・ジオンのシャアとかな。すべて人のためだと言いながら、隕石落としをやる。本当は人間を好きになったことがない男だったんじゃないかな。**

オードリー　**ではどうすれば？**

ダイナーの老主人　**さぁ、なぁ。儂らにゃあそいつがわからなかった。努力はしたつもりだったが、結局はツケを先送り**しただけで、あんたたちに何もしてやれんことを悔いながら生きている。儂にはそのコーヒーを淹れてやるのが精いっぱいだ。

川上徹也 CHECK！ ☑

「**すべて人のためだと言いながら、隕石落としをやる**」。ダイナーの老主人のこの言葉は、シャアに対するものだが、悔恨とも取れるセリフが続く。この一連の言葉は、宇宙移民以降の問題を先送りにした結果、最終的にはシャアによる隕石落としを招き、そうした事態を引き起こしながらも、何ら手を打つことができなかった自分たち、そしてそれ以前の世代への諦観の表れといえるだろう。

〈インダストリアル 7〉宙域、バナージとフロンタルの会話

『ラプラスの箱』を巡る争乱の最終局面、バナージとフロンタルはみたび対峙する。戦いの中で、フロンタルはバナージに「刻の終わりに訪れる世界」を見せ、「希望」や「可能性」が人を誤らせる原因であると説いた。しかし、バナージはフロンタルの言葉を拒絶する。そして、彼の言葉に呼応するかのように光、そして熱が生まれ、満ちていく。それは人の可能性を信じたバナージだからこそ起こしえた現象であり、同時にニュータイプの在りようのひとつを発現させる原動力ともなった。

フロンタル　奇跡もまた、
　　　　　　繰り返す……
　　　　　　そして、何も変わらない。
　　　　　　見ろ、バナージ君。

>> ネオ・ジオングに連れられるように、
不思議な空間に入るユニコーンガンダム。
バナージの前に、過去の宇宙世紀で行われて
きた、いくつものニュータイプによる戦いのビジョン、そして宇宙世紀元年に起こった悲劇が、時代を巻き戻していくかのように広がっていく

フロンタル　これが事の始まりだ。
　　　　　　やはり君にも見えるようだな……では、
　　　　　　この宇宙の刻の果てまで、共に行こうか、
　　　　　　バナージ君。

>> さらなる時空を越え、静けさが広がる空間に辿り着くネオ・ジオングとユニコーンガンダム

フロンタル　光無く、時間すら流れを止めた完全なる虚無……
　　　　　　これがこの世の果て、刻の終わりに訪れる世界だ。
　　　　　　人がどれだけ足掻こうと、
　　　　　　結末は変わらない。

バナージ　はぁ……、はぁ……、はぁ……、
　　　　　はぁ……

フロンタル　君にも分かるはずだ。
　　　　　　希望も可能性も、こ

の虚無の入口で人が見る一刻の夢。なぐさめにも
ならない幻だ。それが人を間違わせ、無用な争い
を生みもする。
この真理を知るものがニュータイプ──

バナージ　　それでも……

フロンタル　**ただ存在し消えてゆくだけの命に、
過分な期待を持たせるべきではない。**

バナージ　　それでも！

>> サイコフレームが強い輝きを放ち、ネオ・
ジオングの腕を破壊。そして、本体であるシナ
ンジュにユニコーンガンダムが触れると、光が
広がっていく

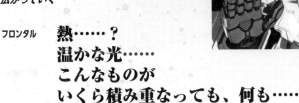

フロンタル　**熱……？
温かな光……
こんなものが
いくら積み重なっても、何も……
そう、何も……！　……ん!?**

ララァ(魂)　この熱が、宇宙を温めるのでしょう？

フロンタル　あっ？

シャア(魂)　潮時か……

ララァ(魂)　大佐が大佐だったときの想いは、十分に伝わったでしょうから……

フロンタル　あぁ……

バナージ　　**この光は……**

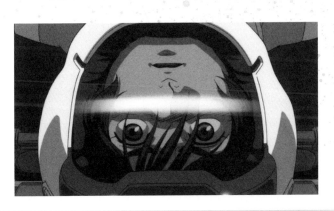

フロンタル　　君に、託す。為すべきと思ったことを……

リディ　　バナージ！

バナージ　　リディさん、メガラニカが狙われています。この宙域も危ない。急いで
　　　　　連絡を！

リディ　　　おい！　バナージ！

>> 崩壊したネオ・ジオングのコックピットから鳥の形をした光が飛び立つ

アムロ(魂)　　もういいのか？

シャア(魂)　　あとは彼らに任せよう。

ララァ(魂)　　うふふふ……

川上徹也 CHECK! ☑

　　人の革新といわれるニュータイプ。しかしフロンタルは、その存在をもってしても結末は変わらないとして、**「希望も可能性も、この虚無の入口で人が見る一刻の夢」**と語った。しかし、人の可能性を信じるバナージは彼の言葉を拒絶する。確かに行きつくところが同じならば、「希望」も「可能性」も一刻の夢であることは間違いない。だが、可能性を信じれば、結末も変えられることをバナージは、その身をもって示したのである。

コラム

会話で相手の心を大きく動かす「殺し文句」とは？

1983年3月、アップルの創業者スティーブ・ジョブズは、ペプシコーラ事業担当社長でマーケティングの名手と呼ばれていたジョン・スカリーを自社に引き抜きたいと思っていた。スカリーもジョブズのカリスマ性には惹かれていた。しかし、当時、ジョブズは20代で、アップルもまだベンチャー企業にすぎない。スカリーはすでに40代半ば。大企業の経営者の座を捨てるのはためらいがあった。

二人はニューヨークで会合を重ねたが、ジョブズの熱烈な誘いにも、スカリーはなかなかイエスと言わない。「このまま社外から友達としてアドバイスした方がいいのでは？」と煮え切らない答えを言うばかり。そこでジョブズはスカリーに以下の「殺し文句」を放った。「このまま一生砂糖水を売り続けるつもりか？それとも世界を変えてみようとは思わないか？」。結局、この言葉がきっかけになり、スカリーはアップル入社の決意を固めたという。

このジョブズのストーリーを読んで、あれ、本書に似たフレーズがあったと思った方もいるのではないだろうか？そう、本書の会話集の冒頭（p85）でシャアが放った「ガルマ！君は自分の手で歴史の歯車を回してみたくないのか？」という「殺し文句」に似ているのだ。

カリスマ性のある指導者・政治家・ビジネスパーソンなどの多くは、このように「言葉」で相手の心に影響を与えて、相手を自分の思い通りの行動に向かわせるのが得意なのだ。

では、このように短いワンフレーズで、心の中に入り込み相手の気持ちを大きく動かす「殺し文句」はどのようにしたら言えるようになるのだろう？

かつて私は「殺し文句」と呼ばれているフレーズを構造分析したことがある。「読者がビジネスやプライベートの現場で殺し文句を使えるようになってもらいたい」という思いからだ。そしてそれを10カ条に法則化して『ザ・殺し文句』（新潮新書）で発表した。

殺し文句の法則10ヵ条
❶あなただけを強調する
❷相手の利益を語る
❸二者択一で問いかける
❹下手に出る
❺リスクを負って断言する
❻プライドをくすぐる
❼相手の発言に乗っかり切り返す
❽巧みな比喩で語る
❾大義を語る
❿本気でぶつかる

シャアの「殺し文句」は、これらの法則の❶❸❻❽❾❿などを複合した技だと言える。

あなたがもし、言葉で「相手の気持ちを大きく動かし、自分の思い通りに相手を行動に向かわせたい」と思うならば、この「殺し文句の法則10ヵ条」をマスターし、ビジネスシーンにおける会話などにぜひ取り入れて欲しい。

石井　誠

アニメ、映画、特撮、ホビー系編集・ライター。ガンダム系書籍やムック、雑誌などの解説や執筆、インタビューを多数担当。『機動戦士ガンダム THE ORIGIN』『機動戦士ガンダム 第08MS小隊』『機動戦士ガンダム MS IGLOO2 重力戦線』などの映像ソフト用ブックレット制作やガンダム関係のムック本の構成、執筆を行う。著書に『機動戦士ガンダム ハチゼロ／ハチサン／ゼロハチ』（太田出版・共著）『マスターグレード　ガンプラのイズム』（太田出版）がある。

髙村泰稔

ガンダム、ホビー系の編集・ライター。ガンダム系のムックをはじめ、ガンプラのインストの設定解説を担当。『週刊ガンダムファクトファイル』『週刊ガンダムパーフェクト・ファイル』『宇宙戦艦ヤマトオフィシャルファクトファイル』（デアゴスティーニ）などの週刊ムック本をはじめ、実物大ガンダム立像のパンフレット、『A.O.Z RE-BOOT ガンダム・インレ - くろうさぎのみた夢 -』（KADOKAWA）などのコミックの編集・構成なども行う。

川上徹也

コピーライター。湘南ストーリーブランディング研究所代表。大阪大学人間科学部卒業後、大手広告代理店を経て独立。自らが提唱していた「ストーリーの黄金律」が、歴史を大きく動かしたスピーチで必ずのように使われていることを発見。その成果を『あの演説はなぜ人を動かしたのか』（PHP 新書）、『独裁者の最強スピーチ術』（星海社新書）などで発表。以降、演説分析家として、テレビ、新聞などのメディアに登場するようになる。上記以外にも『物を売るバカ』『1 行バカ売れ』（いずれも角川新書）など、ビジネスにおける「言葉」や「ストーリー」の使い方をテーマにした著書多数。その多くが海外にも翻訳されている。

『機動戦士ガンダム』の演説に学ぶ人心掌握術

2020 年 1 月 29 日　第 1 刷発行

文	石井誠／髙村泰稔
解　説	川上徹也
監　修	サンライズ
発行者	茨木政彦
発行所	株式会社　集英社
	〒 101-8050　東京都千代田区一ツ橋2丁目5番10号
	電話　編集部　03-3230-6141
	読者係　03-3230-6080
	販売部　03-3230-6393（書店専用）
印刷所	図書印刷株式会社
製本所	加藤製本株式会社